DICHOSOS VOSOTROS...

Memoria de dos discípulas

Colección **MANÁ**

1. *Relatos desde la mesa compartida.* Dolores Aleixandre
2. *Vocabulario básico para el cristiano.* Álvaro Ginel
3. *Santos de leyenda. Los 40 principales.* José Fernández del Cacho
4. *Dios deformado. Imágenes falsas de Dios.* Enrique Martínez de la Lama
5. *Iniciarse como catequista.* Miguel Ángel Gil
6. *Grupo y catequesis.* Álvaro Ginel
7. *Curso básico de pedagogía catequética.* Eugenio González
8. *Ser catequista. Hacer catequesis.* Álvaro Ginel
9. *Dichosos vosotros... Memoria de dos discípulas.* Dolores Aleixandre

Colección MANÁ

DOLORES ALEIXANDRE, R.S.C.J.

DICHOSOS VOSOTROS...

Memoria de dos discípulas

EDITORIAL CCS

Página Web de Editorial CCS: www.editorialccs.com

Portada: Olga R. Gambarte
ISBN: 84-8316-745-X
Depósito legal: M-10348-2004
Fotocomposición: M&A, Becerril de la Sierra (Madrid)
Imprime: EUROANDALUS, S.L.

Índice

Índice

Índice

según las Bienaventuranzas de Mateo

Dichosos los pobres en el espíritu

Dichosos los que lloran

Dichosos los mansos

Dichosos los que tienen hambre y sed de justicia

Dichosos los misericordiosos

Dichosos los limpios de corazón

Dichosos los que trabajan por la paz

Dichosos los perseguidos por su justicia

Dichosos los que escuchan

INTRODUCCIÓN

Si pudiéramos tocar las Bienaventuranzas, sentiríamos sobre ellas el polvo áspero de los caminos y las plazas en las que fueron pronunciadas.

Si tomaran forma, figura y colores, reflejarían el azul tranquilo del lago, el verde sombra de los olivos y cipreses, el tono pardo del desierto de Judea y los mil matices de las flores silvestres que crecen en sus colinas con las lluvias de primavera.

Si tuvieran voz, escucharíamos a través de ellas el acento de los campesinos y pescadores de Galilea, y si fuéramos capaces de percibir su olor y su sabor, nos llegaría con ellas un aroma de campos segados y pan recién hecho y un sabor a vino joven como el de Caná.

No nacieron para ir a parar a un libro, sino para ser contadas de boca en boca, como la buena noticia que esperaban los abatidos y abandonados. Fueron el pregón de la predicación de Jesús y la melodía que siguió resonando por debajo de cada una de sus palabras. Se extendieron como un rumor insólito que provocaba asombro, sacudía conciencias y dejaba desvelados y expectantes. Iban dejando a su paso un rastro de sorpresa y de júbilo: estaba surgiendo algo nuevo e imprevisto, una energía poderosa que ponía en pie la esperanza de la pobre gente.

Más tarde franquearon un umbral y se convirtieron en memoria, en catequesis y finalmente en palabra escrita, gracias a la cual y para dicha nuestra, han llegado hasta nosotros.

Las dos voces que vamos a escuchar en estas páginas se sitúan a ambos lados de ese umbral: *Hanna, una seguidora de Jesús* (su nombre significa «agraciada»), pudo ser una de las mujeres que acompañaron a Jesús (Lc 8,2) y le siguieron hasta el lugar de su crucifixión (Mc 14,41). Sus palabras pueden ayudarnos a contactar con el primer impacto de las Bienaventuranzas y recrear imaginariamente algunos de los contextos en los que nacieron.

Ana (el mismo nombre occidentalizado), *una discípula de hoy*, es contemporánea nuestra y las Bienaventuranzas han llegado hasta ella lo mismo que hasta nosotros: gracias a la comunidad cristiana, la catequesis, la liturgia y la lectura del Evangelio. A ella le corresponde, como a nosotros, acogerlas y agradecer la buena noticia que anuncian, pero también descifrarlas, traducirlas al lenguaje de hoy y, sobre todo, vivirlas plenamente en medio de este mundo nuestro a la vez fascinante y convulso, ávido de la felicidad que en ellas se anuncia y se promete.

En cada capítulo y después de escuchar la «memoria de las dos discípulas», habrá posibilidad de seguir orando y profundizando en torno a ese tesoro que esconde el Evangelio y que llamamos «Bienaventuranzas».

1

Siguiendo el rastro de la dicha

Habla Hanna, una seguidora de Jesús

A veces me pregunto por qué tomé un día la decisión de seguirle. En ocasiones he llegado a pensar que fue por influencia de Juana, en cuya casa vivía como sirvienta y a la que me sentía siempre agradecida porque me recogió de pequeña cuando murieron mis padres. Mi infancia había sido tan desdichada que, a pesar de que ella siempre me trató bien, yo vivía entristecida y sombría, consciente de que, lo mismo que el hambre se había llevado a mis padres, mi vida estaba encerrada para siempre dentro de los muros amenazadores de una pobreza de la que nunca podría escapar. Pertenecía al grupo de los que no poseíamos herencia ni derechos, de los que jamás podríamos ir por la vida con la frente levantada, como caminan los hombres y las mujeres libres a quienes Dios ha bendecido con la dignidad y la fortuna.

Juana estaba casada con Cusa, mayordomo de Herodes (Lc 8,3) y eso les permitía tener numerosa servidumbre y vivir con desahogo y cierto lujo: por eso causó una gran conmoción entre los sirvientes la decisión de nuestra señora de incorporarse al grupo de un galileo itinerante llamado Jesús. Cusa, su esposo, no se opuso a su decisión: él mismo se había entusiasmado con el galileo después de haberle escuchado en varias ocasiones, se consideraba también discípulo, aunque no de manera pública, y era el primero en entregar gran parte de sus bienes en sostener a aquel extraño conjunto de hombres y mujeres, agrupados en torno a un no menos extraño Maestro.

En apariencia me uní a mi señora movida por un sentimiento de lealtad y gratitud hacia ella, pero en realidad había en mí un motivo más hondo del que quizá no fui consciente en el primer momento. Un día, mientras servía la mesa de mis señores, oí unas afirmaciones sorprendentes que habían escuchado de labios de Jesús: *Dichosos vosotros, los pobres, el Reino de Dios os pertenece. Dichosos los que ahora pasáis hambre, porque os saciaréis. Dichosos los que ahora lloráis, porque reiréis...* (Lc 6,20-21).

¿Quién es ese hombre, pensé, que se atreve a hablar así de la felicidad? ¿Qué clase de dicha es esa que está en poder de los que, como yo, sabemos de pobreza, de hambre y de sufrimiento? ¿Qué Dios es ese del que habla, un Dios a favor nuestro, dispuesto a saciarnos, a consolarnos y a cambiar en risas nuestras lágrimas?

Fue en ese momento cuando comprendí que tenía que conocerle, que tenía que estar junto a él para descubrir el secreto de aquella felicidad que, según él, estaba ya dentro de mí y de aquel Reino del que yo, sin saberlo, era ya poseedora.

Ahora voy con él y cada día descubro algo nuevo de esa felicidad que él promete, o mejor, que irradia de él como una luz que le desborda de lo más hondo. Ya he aprendido que no se consigue buscándola ni esforzándose por ella. Y también que se encuentra como quien encuentra un tesoro y lo acoge con júbilo. Con el mismo júbilo con que un mercader se queda deslumbrado al darse cuenta de que a sus manos ha ido a parar, sin saber cómo, la perla más bella y valiosa que siempre anduvo buscando.

Habla Ana, una discípula de hoy

«Te pedimos que, evitando los placeres nocivos, pongamos los ojos en las realidades eternas.» Esta petición que escuché en la misa del Domingo, ha conseguido tenerme irritada durante toda la semana. Me resuenan en ella viejas prevenciones acerca de todo aquello que hace dichosa nuestra existencia: el gusto por la vida, el placer, la libertad, la fiesta... Como si un dios aguafiestas, celoso de nuestra felicidad, estuviera reclamándonos siempre sacrificios y mortificaciones y nos condenara a una vida taciturna y apagada.

Creo que tengo una asignatura pendiente con esto de la felicidad y, por más que la estudio, no consigo aprobarla. A veces pienso que tengo demasiados «profesores» y que cada uno intenta enseñármela a su manera, y yo voy de uno en otro, escuchándolos a todos, sin que ninguna de sus teorías acabe de convencerme.

Me la proponen por un lado como algo fácil y asequible, al alcance de mi mano, tan sencillo como beberme una Coca Cola, tomarme ese helado, poseer cierto modelo de coche o hacer un viaje a algún lugar exótico.

Según otros, la felicidad coincide con la belleza, el triunfo y el dinero: cada año me dejan perpleja las idénticas manifestaciones de euforia de los agraciados por la lotería, los óscares o los goles de su equipo. Cuando hojeo los suplementos dominicales de los periódicos, me detengo en sus páginas de anuncios de moda, joyas, decoración o gastronomía para ver si detecto en los rostros de los consumidores de todas esas maravillas algún destello de lo que voy buscando. Nada. Me es imposible creerme que una vida plena pueda sustentarse sobre unas bases tan frágiles y poco duraderas.

Hay quien me cuenta haberla encontrado en la India, junto al Dalai Lama, en el Tai-Chi, el yoga o la meditación trascendental, y otros intentan venderme la «vida natural», «alimentación sana» o «sexualidad satisfactoria» como divinidades a quienes rendir culto en templos especializados: tiendas de dietética, gimnasios o casas de relax...

Por otro lado constato que la gente que considero más feliz apenas me habla del tema y parecen darle poca importancia y mucho menos vivir obsesionados por ella. Les interesan las cosas de los otros y dan la impresión de tener el centro fuera de ellos mismos.

Fue precisamente una de esas personas la que me sugirió que buscara en el Evangelio. ¿En el Evangelio? Me sorprendió la propuesta pero seguí su consejo, aunque pensando que iba a encontrarme con las historias de siempre que ya me sé de memoria: exhortaciones a perdonar, a llevar la cruz, a sacrificarse como lo hizo Jesús.

Empecé por Lucas porque recordaba que allí estaban las narraciones de Navidad que me hacían revivir mi infancia y allí me encontré, inesperadamente, con la primera persona feliz: *¡Dichosa tú!*, llama Isabel a María (Lc 1,45). Empezamos bien, pensé: una mujer reconoce que otra está en posesión de la felicidad.

Seguí leyendo: *Dichosos los pobres porque el reinado de Dios les pertenece. Dichosos los que ahora pasáis hambre, porque os saciaréis. Dichosos los que ahora lloráis, porque reiréis* (Lc 6,20-21).

He cerrado el Evangelio perpleja. No sé si he encontrado el camino para hallar lo que estaba buscando o si estoy ante una locura, una utopía inalcanzable, la propuesta de un mundo absolutamente al revés.

Me siento desconcertada. ¿Alguien puede ayudarme?...

Si quieres profundizar...

La dicha de Dios. Las Bienaventuranzas hablan, ante todo, de Dios. Jesús conoce perfectamente el origen de esos gritos de alegría que brotan del corazón de Dios y que llamamos Bienaventuranzas. No provienen sólo de su corazón y de sus entrañas de hombre: dimanan de más lejos y de un foco más íntimo que él mismo. Al proclamarlas, siente un temblor, una plenitud tales que todo su ser reconoce la fuente profunda de la que manan esos gritos: el corazón, la brasa intensa de amor que es Aquel al que llama «Abba».

Leer las Bienaventuranzas es, en primer lugar, leer el corazón de Dios tal como Jesús lo describía al pronunciarlas. Cuando Jesús habla, habla de Dios. Habla de él como ningún artista, autor o creador enamorado de su tema logró jamás hablar de sus dones. Cuando propone sus Bienaventuranzas a las personas que tiene delante, Jesús les confía el secreto más querido de cuantos le fueron confiados: el corazón de Dios.

Las Bienaventuranzas hablan, sobre todo, de él. Nos revelan que es pobre, que es manso... Hay que comenzar por ahí si no se quiere hacer de ellas lo que no son, una cantinela sentimental o un programa de moral. Tocan nuestro corazón y nos invitan a cambiar nuestras pautas de comportamiento, sí, pero después, tras reconocer que hablan de Dios y de hacer, con honestidad, el inventario de los significados que atribuyen a Dios.

El Dios de Jesucristo es feliz por ser lo que es: Abba, amor, hospitalidad. Jesús nos dice de esa manera quién es Dios y que es feliz por ser lo que es. El sentido fundamental de las Bienaventuranzas es revelarnos cuál es el sentido de Dios, de su existencia: su dicha, la dicha que tiene de ser comunicación, difusión de amor; la dicha que tiene de ver que otros seres comparten esa felicidad. No se puede abordar las Bienaventuranzas sin empezar por el principio: Dios, que es el alfa de la dicha.[1]

Si haces oración...

Comienza haciendo un chequeo a tu felicidad:

— De manera global y con la sinceridad que proporciona el pensar a solas, ¿cómo dirías que te encuentras en esta época de tu vida? (muy feliz, bastante feliz, no muy feliz...).

— Si piensas en cómo estás empleando tu vida te sientes... (plenamente satisfecho, bastante satisfecho, nada satisfecho...).

— Cuando piensas acerca de lo que verdaderamente te importa en la vida y quieres imaginar un futuro realmente ideal, ¿qué cosas vienen a tu imaginación que convierten tu futuro en algo muy feliz?

— ¿Puedes localizar también tus principales miedos y preocupaciones respecto al futuro? En otras palabras, si imaginas tu vida en el futuro de la peor manera posible, ¿cómo sería esa vida?

Después de haber contestado a estas preguntas, imagina que Jesús se acerca a ti y lee tus respuestas. ¿Qué te dice, sugiere, comenta...?

Escúchale pronunciando junto a ti las Bienaventuranzas...

[1] Jean François Six, *Las Bienaventuranzas hoy*, Madrid 1986, pp. 1-3.

2

Poseedores del Reino

Habla Hanna, una seguidora de Jesús

Cuando oí por primera vez a Jesús hablar del Reino de Dios, reconozco que me sentí desconcertada. Era una expresión que pertenecía a la tradición de nuestro pueblo: *¡El Señor reina!*, escuchábamos en los Profetas y en los Salmos, y ese anuncio gozoso de la inminente llegada del Señor sostenía nuestra esperanza. Dios es el rey de Israel y su primera función es asegurar la libertad de su pueblo y defenderle de sus enemigos. Asegurar la justicia es cosa suya y, cuando comience a reinar, los débiles no tendrán ya que temer a los fuertes, porque el Señor, revestido de majestad y poderío, defenderá su causa.

Creo que todos nosotros nos preguntábamos en lo secreto de nuestro corazón si esa promesa no pasaba de ser un bello sueño: vivíamos situaciones de explotación y opresión que no parecían tener fin y, sin embargo, Dios no parecía darse prisa en inaugurar su reinado.

Por eso, cuando Jesús comenzó a hablar de ello, creímos al principio que se trataba del mismo anuncio de siempre, hasta que nos dimos cuenta de que estaba presentando una novedad absoluta que nos llenaba de perplejidad:

—*¡Se ha cumplido el plazo, el reinado de Dios está cerca!*, decía (Mc 1,15).

¿Cerca? Por más que mirábamos a nuestro alrededor no distinguíamos las señales grandiosas de su llegada...

—*¡Dichosos los pobres! ¡El reinado de Dios les pertenece!*, proclamaba (Lc 6,20).

Y si es verdad que nos pertenece, pensábamos, ¿por qué seguimos privados de derechos, sin defensa y sin salvación? ¿Y por qué Dios va a preferirnos a nosotros, que no somos mejores que los demás, tenemos los mismos pecados que los ricos y poderosos y aún más, porque encima envidiamos su suerte?

Fue necesario pasar mucho tiempo junto a Jesús, mirarle incesantemente, escuchar sus parábolas, darnos cuenta de sus preferencias y sorprendernos ante sus gestos para comenzar a entender en qué consistía aquel reinado de Dios que él anunciaba con tanta impaciencia, con tanto deslumbramiento y júbilo.

Fuimos aprendiendo que, cuando decía «Reino», de quien pretendía hablar era, ante todo, de su Padre («*Abba*», en su manera familiar de invocarle). Y lo que deseaba comunicarnos acerca de Él era su predilección por los más pobres, por los más débiles y desvalidos:

—Son ellos el centro de su solicitud, decía, la niña de sus ojos, los que participan ya desde ahora, de forma escondida, de la salvación que se revelará plenamente un día. Y eso, no a causa de sus méritos, sino por la necesidad infinita de mostrar misericordia que habita el corazón de Dios, por su inexplicable ternura siempre dispuesta a intervenir en favor vuestro.

Nos vimos enfrentados al desafío de dejar de imaginar ese Reino como algo espectacular y grandioso o que había que ir a buscar en lugares remotos: estaba siempre a mano, presente y accesible en las realidades más humildes de nuestra vida de cada día, pero poseía la misma fuerza secreta de la levadura que fermenta la masa o la de la semilla minúscula capaz de perforar la corteza endurecida de la tierra.

Escapaba siempre de nuestras pretensiones de conquista, como un don que se recibe o se hereda gratuitamente, y sólo se entrega a quienes están dispuestos a acogerlo con pobreza de corazón:

—Mirad los lirios, decía, mirad los pájaros. Dios toma sobre sí vuestras preocupaciones cotidianas. Vosotros, dedicaos a buscar su Reino (Lc 12,27).

Las palabras de Jesús poseían tal fuerza de convicción, que llegaron a calar muy hondo dentro de mí y comencé a sentirme maravillada de que Dios fuera tal como él lo describía. Me abrí a la dicha de saber que le teníamos de nuestra parte y que podíamos dejarnos inundar por una alegría que no era sólo una promesa para el futuro, sino que nos alcanzaba ya ahora, en la situación misma que vivíamos.

Un día, vino un discípulo del Bautista a preguntarle dónde estaban los signos del Reino que anunciaba y Jesús respondió:

—*Ciegos recobran la vida, cojos caminan, leprosos quedan limpios, sordos oyen, muertos resucitan, pobres reciben la buena noticia* (Mt 11,5).

Fue en ese momento cuando sentí dentro un gozo desconocido que me desbordaba: yo misma, una pobre muchacha insignificante que conocía de cerca el desprecio y las privaciones, me había convertido en un signo vivo del Reino.

Un Reino que había llegado hasta mí en la persona misma de aquel galileo a quien seguía y que me había anunciado la mejor noticia: sin merecerlo, Dios me había hecho poseedora de su herencia.

Habla Ana, una discípula de hoy

Desde siempre he detestado las imágenes de Cristo Rey y todos los emblemas de realeza con que le rodean en mosaicos, estatuas o estampas. No sé a qué vienen tantas coronas, cetros y mantos dorados y me pregunto cómo esa fiesta ha podido introducirse en el calendario litúrgico.

Por eso, al escuchar el lenguaje evangélico del «Reino», pensé: Ya estamos otra vez con los dichosos símbolos de realeza de los que me siento tan alejada como lo estaría una ferviente republicana...

Afortunadamente para mí, alguien me aconsejó que hiciera un estudio del Evangelio buscando la manera peculiar con la que Jesús habla de él y ahí comenzaron mis sorpresas y también mis alegrías. ¿Os las cuento?

Para ser honrada tengo que empezar avisando de un peligro del que yo misma he sido «víctima» (lo hago por aquello de que «el que avisa no es traidor...»): el Evangelio posee un poder que si no sonara a irreverencia yo llamaría «corrosivo» pues sin que nos demos cuenta, va socavando por su base los pilares que sostienen nuestras viejas convicciones e ideas que, al desplomarse, nos dejan un poco a la intemperie, en una situación incómoda de ignorancia y de pobreza. Pero son esas precisamente, según Jesús, las mejores condiciones para recibir eso que él llama «Reino».

De entrada, sorprende que no se ponga a definirlo de manera categórica ni deje bien claro qué es y en qué consiste (con lo que nos gustaría eso a nosotros...): para referirse a él recurre siempre a comparaciones y hasta a veces parece que no sabe bien cómo comunicar su experiencia y pregunta como pensando en voz alta: *¿Con qué compararemos el reinado de Dios? ¿Con qué parábola lo explicaremos...?* (Mc 4,30).

Nada de imágenes de triunfo, poderío y majestad: todo lo relacionado con el Reino tiene que ver con la vida cotidiana, con los aspectos más sencillos e insignificantes de la vida. Y yo saco la conclusión de que no hay que esperar transformaciones sensacionales, ni en uno mismo ni en los demás: el Evangelio nos descubre el Reino como una acción de Dios que trabaja las actitudes secretas de nuestro corazón, más allá de nuestros logros externos. ¡Menuda liberación de nuestras obsesiones por los resultados y el éxito!

Se diría que Dios manifiesta su poder en los cambios modestos de nuestras actitudes, en nuestos pequeños avances: cuando nos vamos volviendo más tolerantes, más comprensivos, más reconciliados con la fragilidad propia y ajena...

Y otra sorpresa: imposible tratar de controlarlo o dominarlo. Jesús nos pone en guardia: ¡Buscadlo en los lugares más inesperados! Dios es libre para hacerlo llegar hasta vosotros en cualquier parte, de cualquier manera...

A veces esto del Reino parece que invita a actuar de maneras contradictorias: por un lado, empeñar alma, corazón y vida en buscarlo y, por otro, dejarle a Dios toda la iniciativa y fiarse plenamente en Él, con el tranquilo abandono de los niños. No resulta fácil, pero es apasionante...

Y «una mala noticia»: cuando ya crees que estás empezando a entender eso de que el Reino está dentro de ti, otra frase evangélica te vuelve a dejar perpleja y «desestabilizada»: *El reino de Dios padece violencia y gente violenta lo arrebata...* (Mt 11,12). Son palabras que nos «desquician» de nuestras comodidades, que sacuden la tibieza en que vivimos instalados y que poseen una fuerza sorprendente capaz de arrastrarnos en dirección a una devorada por la impaciencia ardiente que hacía exclamar a Jesús: *¡He venido a traer fuego a la tierra!* (Lc 12,49). *Padre, ¡venga tu reino!* (Lc 11,2).

En todo caso es tremendo esto del Evangelio: te pones a leerlo por curiosidad y terminas con la vida expuesta a cambios inesperados...

Si quieres profundizar...

Una propuesta de itinerario para seguirle la pista al término **Reino** (o **Reinado**): leer seguido el evangelio de Mateo, dejando las Bienaventuranzas para el final (esas declaraciones de felicidad que inspiran tanto respeto como a un alpinista la cumbre inaccesible del Everest...).

Al leerlas con atención se da uno cuenta de que comienzan y terminan de la misma manera: *Dichosos los pobres de corazón..., dichosos los perseguidos, porque el reinado de Dios les pertenece* (Mt 5,3.10). Y aquí viene la gran sorpresa que nos reserva Jesús, como si guardara «el buen vino para lo último» (pero, ¡menudo vino!): ¡El Reino «es propiedad» de los pobres y perseguidos! Es una declaración que, de entrada, puede dejarnos consternados: ¿Qué hacer si ni somos pobres ni estamos en situación de persecución? ¿Es que la promesa de felicidad no es para nosotros?

Quizá es que tenemos que tratar de acceder a ella por buscar caminos alternativos, pues si Jesús declara a los pobres sus poseedores y dice que está en sus manos, ¿no nos está diciendo que tenemos que acercarnos a «los dueños del Reino»? Porque si quieres aprender algo, buscas quien te lo enseñe, si no tienes dinero, te diriges a un banco para obtener un préstamo, y si andas perdido en una ciudad, preguntas a quien puede orientarte. El cómo hacerlo es cosa de cada uno.

Si haces oración...

Comienza observando cómo aparecen en la narración de la Anunciación los rasgos de realeza de Jesús: *Será grande, llevará el título de Hijo del Altísimo; el Señor Dios le dará el trono de David su padre para que reine sobre la Casa de Jacob por siempre y su reino no tenga fin* (Lc 1,26-38).

Lee después cómo acontece esa «realeza» en Belén: *Estando allí les llegó la hora del parto y dio a luz a su hijo primogénito. Lo envolvió en pañales y los recostó en un pesebre porque no hubo sitio para ellos en la posada* (Lc 2,1-20).

Ponte junto a María y pídele que te enseñe a descifrar los «signos del Reino» que vienen ocultos en realidades de oscuridad y pequeñez... Trata de reconocer alguno de esos signos en la opacidad de tu vida cotidiana y en la de gente que te rodea.

3

Buenas noticias para los pobres

Habla Hanna, una seguidora de Jesús

Si algo me atrajo de Jesús desde el primer momento fue su manera de acercarse a gente que, como yo, jamás hemos sabido lo que es ser tratados como personas. Ser pobre en Israel es una desdicha absoluta que priva de cualquier derecho y encierra en un calabozo invisible de marginación y desprecio. Por eso, cuando le oí proclamar en la sinagoga de Nazaret: *El espíritu del Señor me ha ungido para dar la buena noticia a los pobres, me ha enviado a anunciar la libertad a los cautivos* (Lc 4,18), supe que aquella buena noticia me estaba dirigida y que ya nadie podría arrebatármela.

No la anunciaba sólo con sus palabras: toda su persona, su manera de mirar y de escuchar, todos sus gestos comunicaban un respeto, una acogida y una ternura que nos hacían sentirnos deslumbrados y casi incrédulos de sentirnos tan importantes y valiosos ante él.

Me he preguntado muchas veces el porqué de aquella predilección suya por la gente sencilla, ignorante y empobrecida:

creo que esa preferencia le nacía de muy adentro, de su peculiar manera de mirar a las personas. Junto a él se tenía la sensación de que todo eso que ennoblece a los ojos de los demás: posición, saberes, posesiones, dignidad..., no contaba para él.

—Todo eso, decía, no añade nada a quien lo posee, más bien es una carga que impide ser libres y felices...

De ahí sus extrañas invitaciones: *«vende», «deja», «pierde», «entrega», «no atesores»*..., como si estuviera convencido de que lo que se guarda y se retiene se deteriora y se corrompe, mientras que lo compartido, regalado o perdido es lo que, misteriosamente, se convierte en el verdadero tesoro.

Jamás le escuché felicitar a nadie por haber conseguido una buena fortuna como fruto de la bendición divina. Para él esa bendición descansaba precisamente sobre los que a los ojos de todos eran los últimos y decía:

—Esos son los primeros y los grandes, es a ellos y no a los sabios, poderosos o entendidos a quienes comunica mi Padre sus secretos (Lc 10,21).

Y era esta relación con Él la que explicaba más que cualquier otra razón su manera de comportarse: el día en que le oí proclamar las Bienaventuranzas, y en especial la referida a los pobres, pensé que al acabar de pronunciarlas ya había dicho todo lo que tenía que decir, ya había anunciado lo que constituía el centro y la médula de su mensaje, aquello que, como él suele decir, aprende un hijo mirando cómo actúa su padre (Jn 5,19). Tuve entonces la sensación, como tantas otras, de que sus actitudes y palabras brotaban de lo más hondo de su relación con el que él llamaba «Abba», con el que él vivía una especie de familiar «complicidad» y coincidencia.

Por otra parte, los que conocían a su madre me contaron lo que habían sabido por ella: le llegó el momento del parto estando en un descampado de Belén, no los recibieron en la posada y tuvo que dar a luz en una cuadra y reclinar a su hijo en un pesebre:

—Los únicos que se acercaron a nosotros, decía, fueron unos pastores que cuidaban sus rebaños en los alrededores y, cuando Jesús creció, me pedía una y otra vez que se lo contase.

Siempre le parecía nuevo el relato, siempre se llenaba de alegría al oírlo, como si se sintiera orgulloso de que hubieran sido precisamente aquel tropel de gente ignorante y ruda los primeros en participar de la alegría de su nacimiento.

—¿Lo ves, madre?, me decía, el Reino de Dios pertenece a los pobres y a los que, como ellos, no tienen pretensiones, no se glorían de lo que son o tienen, y se presentan ante Él con las manos vacías y abiertas. Y por eso el Padre puede volcar en ellos toda su misericordia.

Y dicen también los que conocen mejor a María que, cuando Jesús habla de los pobres, es sobre todo en ella en quien está pensando. Pero cuando se lo dicen, ella sonríe y se queda silenciosa, con esa costumbre tan suya de guardar en el corazón las palabras de su hijo...

Habla Ana, una discípula de hoy

¿Me equivoco cuando creo intuir que al oír hablar de «los pobres» mucha gente experimenta una inconfesable hartura? ¿Resulta una sospecha demasiado maligna el intuir que para muchos en la Iglesia la «opción por los pobres» se ha convertido (se nos ha convertido...) en un lenguaje paralelo, en una referencia «eclesialmente correcta», algo que hoy «hay que decir», pero que con frecuencia está vacía de contenido? ¿Resulto en cambio demasiado indulgente al interpretar que en esas posturas de resistencia se esconde más impotencia que mala voluntad, más equivocación y torpeza que egoísmo puro y duro?

Vamos a intentar un diagnóstico y que cada cual examine si tiene algún síntoma:

—Padecemos una «sobredosis» de ideología, un exceso de verborrea sobre el tema de los pobres y, junto a eso, la manía de hacer una mala fotocopia de lo que ocurre en el Tercer Mundo.

—Nos sobrepasa la cantidad de información que recibimos sobre catástrofes mundiales, vemos demasiados rostros sufrientes y como nos sentimos incapaces de solucionarlo ni siquiera de asimilarlo, generamos unas defensas de indiferencia o, todo lo más, una «compasión de sillón» que sólo nos dura mientras estamos mirando la televisión.

—A muchos aún nos dura el cansancio de las batallas de épocas todavía recientes en torno a «quién era más pobre»; o habíamos idealizado tanto a los pobres que nos ha sobrevenido el desencanto al constatar que tienen los mismos defectos que los demás y encima «huelen mal»...

—Nos hemos acercado al mundo de la pobreza con deseos de eficacia y rentabilidad que han fracasado y podemos sentirnos un poco quemados o, al menos, chamuscados...

Podríamos continuar la lista, pero lo que importa es encontrar caminos para «sintonizar» con Jesús en su preferencia incuestionable por los pequeños y los desposeídos y con su declaración convencida: *Así es el Padre*. Porque es esa la afirmación que se esconde detrás de cada Bienaventuranza y si no nos la «tragamos», nunca pasaremos de arañar su superficie.

Por eso, una propuesta: abordar la aproximación al «dichosos los pobres» no de manera frontal, sino a través de algunos caminos indirectos:

—¿Y si empezáramos por lo más hondo, por lo que podemos llamar «la pobreza teologal», esa que nos hace darnos cuenta con gozo de que todo lo que somos y tenemos es recibido y que el Señor es la única Roca en la que depositar nuestra confianza?

—Esa constatación tan liberadora nos pone en pista para recorrer otro camino esencial: el del agradecimiento. Porque sólo los que se sienten «agraciados» pueden ir por la vida ejerciendo la gratuidad hacia otros...

—Otra vía de acceso podría ser nuestra propia experiencia de aquello que dicen que decía Jesús: *Hay más alegría en dar que en recibir* (Hch 20,35). Y recordar tantas ocasiones en las que compartir, entregar, regalar nos ha hecho más felices que poseer.

—Traer también a nuestra memoria rostros de hombres, mujeres o niños que a pesar de carecer de casi todo, resultan ser poseedores de aquello que las posesiones ahogan: hábitos solidarios, esperanza, simplicidad, resistencia animosa en las dificultades, capacidad de fiesta.

Y una última convicción: Pablo decía que Jesús se hizo pobre para enriquecernos con su pobreza (2 Cor 8,9). Parece una locura y un contrasentido, pero si ese fue su camino, no podemos inventarnos otro.

Si quieres profundizar...

Habla Francisco de Asís. Un pobre según el Evangelio es un hombre que, libremente, ha renunciado a ejercer todo poder, toda clase de dominación sobre los otros y que, sin embargo, no es conducido por un alma de esclavo, sino por el Espíritu más noble que hay, el del Señor. Esta vía es difícil. Pocos la encuentran. Es una gracia, una gracia grandísima.

No son sólo los amos de este mundo los que son conducidos por la voluntad de poder y dominación. Los servidores lo son también porque no aceptan libremente su condición de servidores. Esta condición es entonces un yugo pesado que aplasta al hombre y le hace sudar resentimiento. Este yugo no es, desde luego, el del Señor.

Ser pobre según el Evangelio no es solamente obligarse a hacer lo que hace el último, el esclavo; es hacerlo con el alma y el espíritu del Señor. Eso lo cambia todo. Donde quiera que está el Espíritu del Señor, el corazón no está amargo. Cuando estaba todavía en el mundo consideraba como la última de las cosas ir a cuidar a los leprosos, pero el Señor ha tenido piedad de mí. Me condujo Él mismo a ellos y yo les compartía misericordia. Y cuando volvía a ellos, lo que me parecía en otro tiempo amargo se había cambiado para mí en dulzura para el alma y para el cuerpo. Es Espíritu del Señor no es espíritu de amargura, sino de dulzura y alegría.

Pero no se llega a ellos luchando, sino adorando. El hombre que adora a Dios reconoce que no hay otro Todopoderoso más que Él solo. Lo reconoce y lo acepta. Profundamente, cordialmente. Se goza en que Dios sea Dios, eso le basta. Y eso le hace libre. Si supiéramos adorar, nada podría verdaderamente turbarnos: atravesaríamos el mundo con la tranquilidad de los grandes ríos. (...)

La santidad es, en primer lugar, un vacío que se descubre y que se acepta y que Dios viene a llenar en la medida en que uno se abre a su plenitud. Nuestra nada, si se acepta, se hace el espacio libre en que Dios puede crear todavía. El Señor no se deja arrebatar su gloria por nadie. Él es el Señor, el Único, el Sólo Santo. Pero coge al pobre de la mano, le saca de su barro y le hace sentar sobre los príncipes de su pueblo para que vea su gloria. (...) Es preciso simplemente no guardar nada de sí mismo. Barrerlo todo, aun esa percepción aguda de nuestra miseria; dejar sitio libre; aceptar ser pobre; renunciar a todo lo que pesa, aun el peso de nuestras propias faltas; no ver más que la gloria del Señor y dejarse irradiar por ella. Dios es, eso basta. El corazón se hace entonces ligero, no se siente ya el mismo, como la alondra embriagada de cielo y de azul. Ha abandonado todo cuidado, toda inquietud. Su deseo de perfección se ha cambiado en simple y puro querer a Dios.[2]

---

[2] Eloi Leclerc, *Sabiduría de un pobre,* Madrid 1966, pp. 79-80. 94.

Si haces oración...

Si vivimos la pobreza del Evangelio, quienes nos encuentren por el camino tenderán las manos ávidas de un tesoro que brotará de nosotros, de un tesoro liberado de nuestras vasijas de barro, de nuestros baúles abigarrados, un tesoro simplemente divino. Entonces seremos ágiles y nos habremos convertido en parábolas, parábola de la perla única, minúscula, redonda y preciosa por la que lo hemos vendido todo (Madeleine Delbrel).

Acércate a Jesús y pídele que te ayude a vivir así...

4

La puerta estrecha

Habla Hanna, una seguidora de Jesús

Desde el momento en que Juana me permitió unirme a ella en su decisión de seguir a Jesús, pensé que los que le acompañaban serían un grupo de personas excepcionales, discípulos aventajados de la doctrina del que llamaban Maestro y ejercitados en la sabiduría aprendida de él. Por eso me ha sorprendido encontrarme con gente tan parecida a todos los demás, con idéntica ambición por sobresalir y destacar y con una poco disimulada expectativa de obtener ventajas y ganancias de su nueva situación. Con frecuencia, cuando Jesús está ausente, discuten entre ellos acerca de sus cualidades, capacidades y méritos y de todo cuanto les hace acreedores, según ellos, de una mayor consideración, dignidad y reconocimiento. Desde mi condición de mujer y de sirvienta, estoy acostumbrada a permanecer siempre en un segundo plano y a carecer de cualquier tipo de honor o privilegio, pero en el fondo los añoro tanto como ellos y me rebelo cuando me tratan como inferior, me dan órdenes o dan por sentado que debo estar a su servicio.

Cuando Jesús nos sorprende en medio de estas discusiones se pone a conversar con nosotros y utiliza argumentos que me resultan asombrosos: nada de las enseñanzas bien elaboradas que podrían esperarse de un Maestro, de instrucciones acerca de lo bueno y de lo malo, de la conveniencia de la moderación de los deseos, o de la huida de la ostentación y la vanagloria. Lo que él hace es algo muy diferente: nos provoca con extrañas paradojas, nos sacude con propuestas insólitas, trata de empujarnos más allá de donde estamos enredados. Cuando habla, se diría que todos los principios y valores que rigen nuestra convivencia y nuestras costumbres se desquician, se remueven y cambian de lugar.

Aunque no lo es, parece el más joven de todos nosotros: es el menos prudente, el más atrevido y jovial, el más convencido de que es posible cambiar las cosas y los corazones. Nada le parece imposible, como si los años no hubieran conseguido dejar en él esa huella de recelo y escepticismo que caracterizan la edad adulta. Por eso cuando le miramos con cara de asombro al oír sus afirmaciones y su manera de ver la vida, bromea con nosotros y nos compara con viejos pellejos de cuero que temen al vino joven, o con túnicas gastadas que amenazan romperse cuando se les añade un lienzo nuevo.

Hoy, después de rezar el Salmo 1 que comienza diciendo: *Dichoso el hombre que no camina aconsejado por malvados...*, nos ha preguntado de improviso, como suele hacerlo:

—Y vosotros, ¿a quiénes llamaríais «dichosos»? ¿A quiénes os parece que habría que considerar importantes, honorables, colmados de dignidad y hasta merecedores de envidia por su suerte? En otras palabras, ¿quiénes en este mundo os parece que tienen a Dios de su parte?

Nos hemos quedado callados, quizá por la experiencia de lo difícil que resulta coincidir con su manera de ver las cosas. Por fin, Pedro, que se jacta de decir siempre lo que piensa y, además, le encanta tomar la palabra en nombre de todos, ha dicho:

—Maestro, eso resulta evidente para cualquiera: los que de verdad tienen suerte son los que se esfuerzan por ser honrados y cumplir nuestra Ley, y también los bendecidos con fortuna, salud, conocimientos y dignidad. Por eso ocupan los primeros puestos, son reconocidos y felicitados y sus nombres serán recordados para siempre. ¿Cómo no va a estar Dios de su parte si son los verdaderos poseedores de su Reino y lo han ganado y conquistado gracias a sus méritos?

En este caso, todos coincidíamos con su respuesta y así lo manifestamos. Todos, excepto Jesús que nos ha invitado a sentarnos, como hace siempre que quiere explicarnos algo importante, y ha dicho:

—¡Otra vez estáis empeñados en meter un camello por el ojo de una aguja...! Ya sé que eso es lo que opina y dice la gente pero, ¿no os dais cuenta de que esa manera de pensar no coincide ni de lejos con la de mi Padre? ¿Cuánto tiempo voy a tener que estar con vosotros para que le conozcáis? ¿Sabéis quiénes ocupan para Él los primeros puestos? Los desposeídos de todo, los pequeños, los que no pueden ni tienen nada, los hambrientos y perseguidos, aquellos que en el mundo ocupan los últimos lugares y carecen de todo arrimo y privilegio. Hacia ellos se le inclina el corazón al Padre, y como se han apoderado de su misericordia, se convierten también en poseedores de su Reino y en los primeros comensales de su banquete. Como una madre consuela y cura a sus hijos heridos, Él los acogerá y lavará sus pies cansados del camino, los saciará y los colmará de alegría... Por eso es por lo que hay que proclamarlos ya dichosos y felicitarlos y reconocerlos como los preferidos de Dios.

Esta noche me ha costado mucho dormirme. Cuando de madrugada lo he conseguido, he tenido un sueño: intentaba entrar por una puerta muy estrecha sin lograrlo y alguien me decía: «Suelta esos pesados ídolos de barro que llevas, deja atrás esos pergaminos llenos de viejas ideas sobre Dios...». Lo hacía, y entonces conseguía entrar por la pequeña puerta. Y del otro lado me esperaba la luz.

Habla Ana, una discípula de hoy

Después de una lectura seguida del evangelio de Marcos me he quedado con dos escenas: la de las mujeres que salieron huyendo del sepulcro, temblando y fuera de sí y, de puro miedo, no dijeron nada a nadie (Mc 16,8). Y es que, a veces, cuando percibo la desmesura y la exigencia del Evangelio, me siento reflejada en esa actitud de huida y me entran deseos de no decir nada a nadie, de evitar la responsabilidad de comunicar unas palabras que percibo como llamaradas de un incendio. ¿Cómo ir por ahí diciendo que los perdedores son precisamente los ganadores porque cuentan con las preferencias de Dios? Pero quizá lo que más temo es que reciban esa noticia insólita con el gesto aburrido de quien cree sabérsela de memoria.

La otra escena con la que me he quedado es la de aquel ciego, Bartimeo creo que era su nombre, que daba voces desde la cuneta al oír que pasaba Jesús. Así me siento yo, hundida en la noche de mis dudas, mis perplejidades y mis preguntas; sin noticias de Dios, o con demasiados diosecillos ocupando su espacio; hecha un lío sobre lo que es la vida, sobre lo que vale y lo que no, sobre lo que produce felicidad o desdicha; escandalizada por el sufrimiento del mundo, o indiferente, aletargada y encerrada en mi egoísmo... Pero a veces él me llama y pone sus manos en mis ojos y, de pronto, le veo. Y ya no puedo dejar de mirarle.

También se me ha quedado grabada la imagen de «*pescar hombres*» (Mc 1,17), pero no porque de momento me sienta llamada a hacerlo, sino por la experiencia de haber sido pescada yo misma. Creo que he mordido el anzuelo del Evangelio y que estoy siendo arrastrada fuera del elemento en el que antes me movía para entrar en otro.

Y tengo que confesar que, lejos de hacerme morir como temía, estoy comenzando a respirar el aire del Espíritu.

Si quieres profundizar...

Completa estas frases lo más sinceramente que puedas:

1. ¡Qué suerte tienen los que ....!
2. Hay que dar la enhorabuena a los que ....
3. Para ser feliz es imprescindible ....
4. Considero una situación envidiable la de ....

Si estáis en grupo, compartid vuestras respuestas y comentadlas.

¿Sintonizáis en algo con las reflexiones de Ana?

¿En qué os sentís «pescados por el Evangelio»?

Leed y comentad este cuento de Toni de Melo poniéndolo en relación con el tema de la felicidad:

«Un hombre caminaba sosegadamente por un camino en los alrededores de una aldea india. Vestía una túnica simple, llevaba un hatillo a la espalda y calzaba sandalias. De pronto, alguien le alcanzó corriendo por detrás y le dijo entrecortadamente:

—¡La piedra, la piedra! ¡Dame la piedra! Tuve un sueño esta noche y la diosa Visnú me dijo que encontraría cerca de esta aldea a un hombre que posee la mayor piedra preciosa del mundo y que yo podría conseguirla!

—Quizá te refieres a esta, dijo el otro sacando de su hatillo un enorme diamante, la encontré esta mañana junto al camino. Llévatelo si quieres, yo no lo necesito.

El hombre contempló deslumbrado el diamante más grande y hermoso que jamás había visto. En sus destellos veía todo lo que podría adquirir gracias a él: se haría rico, cambiaría de casa, tendría sirvientes, compraría el elixir de la eterna juventud... Arrebató el diamante de las manos del caminante y echó a correr. El hombre lo miró alejarse y se sentó a meditar a la sombra de un árbol junto al camino.

Al atardecer vio venir hacia él al hombre que le había arrebatado el diamante por la mañana. Se acercó a él con la piedra preciosa en la mano, se la entregó y le dijo:

—Dime, a cambio, cuál es el secreto que te permite desprenderte con tanta facilidad de este diamante...»[3]

Si haces oración...

Lee en Mc 10, 46 ss. la narración de la curación del ciego Bartimeo. Siéntete como él sentado en la cuneta del camino, incapacitado por tu ceguera para descubrir dónde está la verdadera felicidad. Quizá está pasando a tu lado, se te está escapando, pero tú no logras descubrirla. Ponte a gritar internamente lo mismo que el ciego: «¡Jesús, ten compasión de mí...!». Imagina que Jesús te llama junto a él y te pregunta: «¿Qué quieres que haga contigo?». Háblale de los deseos que hay en el fondo de tu corazón, pídele descubrir cuál es el camino para alcanzar la felicidad que él promete...

[3] Anthony de Mello, *El canto del pájaro,* Santander 1982, p. 182.

5

¿Qué es un corazón pobre?

Habla Hanna, una seguidora de Jesús

—*¡Tenéis ojos y no veis!*

Más de una vez he escuchado este reproche de los labios de Jesús. Le parece inverosímil que los que le acompañamos no seamos capaces de darnos cuenta de cosas que él advierte, o de mirar personas y situaciones como él las mira.

Desde el primer momento me llamó la atención en él su asombrosa capacidad de atención y observación. Da la impresión de ir por la vida sin doctrinas, saberes o ideas adquiridas, y que toda su sabiduría la va extrayendo de la vida misma, del comportamiento, gestos o actitudes de las personas con las que se va encontrando, y que la naturaleza o las conductas humanas más triviales le van revelando lo que el Padre quiere decirle a través de ellas.

Algo que me sorprendió desde el principio fue cómo dirige preferentemente su atención hacia personas, grupos o situaciones que habitualmente pasan inadvertidas para nosotros, bien porque las consideramos insignificantes o porque nos resultan merecedoras de desaprobación o distanciamiento.

Sin que él se dé cuenta (¿o sí se da?), yo me fijo en cómo observa silenciosamente a las personas que se le acercan, como si las envolviera en un respeto y una discreción que revelan una aceptación sin límites y, cuando se alejan de él, aunque sean ellas las que se marchan sanadas, perdonadas o rehechas, se diría que es él mismo quien se ha enriquecido con esos encuentros, y que gracias a ellos ha crecido en él una sabiduría nueva.

Juega con los niños, les cuenta historias, les hace reír y, cuando se van a regañadientes de la mano de sus madres, comenta:

—*El Reino es de quienes se hacen como ellos...* (Mc 10,14).

Se sienta a la mesa con la peor gentuza y luego declara tranquilamente, indignando a fariseos y escribas:

—*Os van a preceder en el Reino de los cielos* (Mt 21,31).

Cuando vio un día que una viuda pobre echaba en el cepillo del templo las dos moneditas que constituían todo su sustento (nosotros, por supuesto, ni siquiera la habíamos mirado...), nos dijo:

—Mirad, ella ha comprendido que la vida vale más que el alimento y que el vestido. A partir de ahora, su existencia entera está a cargo del cuidado del Padre y, al que se despreocupa de lo suyo, Él le da por añadidura todo lo demás.

En cambio, cuando se le acerca gente marcada por la prepotencia y soberbia que nacen de la codicia por el dinero, por debajo de sus reacciones de indignación yo presiento una inmensa compasión, como si viera en todo ello las consecuencias de una fiebre que los posee y deshumaniza. Y un día comentó con tristeza:

—Los que se apoyan en todo eso creen que están asegurando sus vidas sobre roca, pero bajo sus pies no hay más que arena...

Yo he ido dando vueltas en el corazón a sus palabras y actitudes (dicen que era eso lo que él más admira de su madre...)

y creo que son como cuentas de un collar ensartadas por un único hilo: una inclinación espontánea hacia todos los desprovistos de cualquier tipo de suficiencia o de pretensiones de superioridad, poder o apoyo en sus propios méritos. No oculta nunca su afecto ni su preferencia por toda esa gente que camina por la vida despojada de cualquier máscara, sin ocultar su desvalimiento, su vacío o sus carencias.

A todos ellos les comunica con su mirada, sus gestos o sus palabras una seguridad que parece habitarle: la de que, sea el que sea el peso que los mantiene encorvados o agobiados, él está ahí para compartir su carga y para darles la buena noticia de que esa pobreza que les cierra todas las posibilidades, es precisamente la llave que abre para ellos, de par en par, las puertas de la casa y del corazón del Padre.

Habla Ana, una discípula de hoy

Escuché una vez estas palabras a Jean Vanier, fundador de las comunidades de *El Arca* que acogen a personas con minusvalías psíquicas: «Todos nacemos débiles y morimos débiles, pero durante el resto de la vida nos empeñamos en disimular lo débiles que somos».

No tengo más que mirar a mi alrededor, y sobre todo a mí misma, para constatar qué razón tiene el que ha hecho esa afirmación... A veces pienso que en nada invertimos los seres humanos tanto esfuerzo, sagacidad y constancia como en fabricarnos caretas y disfraces que nos presenten ante los demás precisamente como no somos: audaces y libres, cuando en el fondo nos asaltan mil miedos; brillantes, seguros y triunfadores, a pesar de que nos sintamos perplejos, vacilantes y llenos de frustraciones...

Se lleva el «estar *guay*» y resulta de mal gusto reconocer problemas, manifestar temores o confesar los propios límites. Hay que lanzarse a la conquista de éxito, dinero, posición social, reconocimiento o fama a cualquier precio y el que no entre en esta carrera competitiva, peor para él: se quedará tirado en la cuneta de los perdedores a quienes todo el mundo deja atrás y olvida.

Así que si oyera hoy a cualquiera declarar: «Dichosos los de corazón pobre», creo que me echaría a reír, lo vería como un extraterrestre y le diría: «¿Pero tú de qué vas, colega?...». Y si no lo hago es porque dicen que es Jesús quien lo dijo y, como no he tenido más remedio que darle la razón en tantas otras cosas, prefiero callarme y ponerme a pensar.

En algún momento pueden deslumbrarme las personas listas y con facilidad de palabra, pero a la hora de la verdad prefiero a las que son receptivas y escuchadoras. Valoro mucho los gestos de generosidad, pero me conmueve más ver reacciones de agradecimiento. Y, en el fondo, la gente desprendida y libre me cae mucho mejor que los que salen en el *Hola* vestidos por Armani...

Después de llegar a estas conclusiones, reconozco que estoy impresionada de mí misma: ¿estaré empezando a coincidir con el Evangelio? Se lo he comentado a una amiga y me ha dicho: —«A lo mejor es que te vas a morir pronto...».

Me parece que no se lo voy a contar a nadie más.

Si quieres profundizar...

¿Qué significa «tener un corazón pobre»? Existe en todo el Evangelio una línea que prima el no-ser. No es otro en definitiva el significado más profundo de la cruz en que Jesús no tiene «parecer, ni hermosura que atraiga, ni belleza que agrade». En la parábola desconcertante del fariseo y el publicano, quien queda justificado no es el justo, el ayunador y el limosnero, sino el que nada tiene y ni siquiera es. Tan poco es, que tiene

que hurtar incluso su presencia (Lc 18,11). Y aún más escandaloso es el ejemplo del hijo pródigo (Lc 15, 11-32). Quien queda postergado y protesta, ¡con razón!, es el hermano que es bueno, obediente, constante. Quien recibe la fiesta y goza del derroche es el hermano que no tiene ni dinero, ni amigos, ni expectativas porque todo lo que tenía lo ha dilapidado, y ni siquiera es: solamente exiliado, abandonado, porquero.

Pobre es, en el lenguaje de la Biblia, el que no tiene. El lenguaje bíblico no se distingue aquí del lenguaje de la calle, porque se construyó en la experiencia de la vida y en ella los pobres son los que carecen. ¿Y qué haremos los que somos ricos en tantas cosas? ¿Es que no nos queda ninguna esperanza? La primera esperanza es que vayamos cayendo en la cuenta de que lo que nos salva no es lo que tenemos, sino lo que no tenemos. Como en el poema chino «se moldea la arcilla para hacer la vasija, pero de su vacío depende el uso de la vasija. Se abren puertas y ventanas en los muros de una casa, pero es el vacío lo que permite habitarla».

¿Podemos entender eso? Si para los hombres es imposible, será posible para Dios (Mt 19,26). Por la fe podemos ir entendiendo lo que es el meollo del Evangelio: que Dios nos salva con su impotencia y que es también la impotencia el rasgo definitivo de nuestra imagen y semejanza con Dios. Si hay que gloriarse, dice Pablo, «*muy gustosamente me gloriaré en mis debilidades*» (2 Cor 12,9).

En la medida en que vayamos cayendo en el sentido profundo de la paradoja, lo podremos ir verificando a nuestro alrededor. Las riquezas de los otros nos atraen, nos deslumbran, nos seducen pero en casi todos echamos de menos lo que verdaderamente nos enriquecería. Admiramos su valor pero nos acogemos a su ternura, atendemos su palabra pero nos confiamos en su silencio y su escucha, admiramos sus posesiones pero sólo nos son cercanos cuando se desposeen. Poco a poco iremos asimilando unas extrañas bienaventuranzas en que los pobres poseen un reino, los perseguidos triunfan sobre los perseguidores y los insultados y calumniados son felices.

Cuando el corazón humano echa a palpitar, lo hace en un mundo tan amenazador que todos los apoyos le son pocos para salir adelante. Sin embargo, cuando ha realizado ese proceso, cuando los dones del cariño, de la cultura y del consejo le han enriquecido, entonces podrá el corazón humano sin peligro, todo lo contrario, empezar a empobrecerse. Tomará así la misma actitud de Cristo Jesús que «*siendo rico, se hizo pobre por vosotros para enriqueceros con su pobreza*» (2 Cor 8,9).

Un corazón pobre es un corazón abierto a todas las rapiñas. Su pobreza radica ahí precisamente: no consiste en no tener nada, sino en estar dispuesto a que entren los saqueadores. Frente a un cristiano que *«se ceñía e iba a donde quería»,* la pobreza de corazón se refiere a una situación en que «*otro te ceñirá y te llevará a donde no quieres*» (Jn 21,18).

En definitiva, lo que caracteriza a un corazón pobre es el asombro ante todo lo que posee. Decidido a dejarse despojar, se maravilla de tener, no lo que poseía al principio, sino mucho más. Por eso la palabra que acude a sus labios es una palabra de pobres: *gracias.* El asombro y la acción de gracias constituyen el núcleo del Magníficat. Y cuando Jesús exclama: *Te bendigo, Padre, porque has escondido estas cosas a sabios y entendidos y se las has revelado a la gente sencilla* (Mt 11,26), esa «gente sencilla» son los de corazón pobre, los pobres de espíritu. Que, como suprema paradoja, conquistarán el Reino de los cielos.[4]

[4] Carlos Fernández Barberá, «Tener un corazón pobre», en *Cuadernos de oración* 50, 1987, pp. 16-17.

Si haces oración...

Ponte delante de Jesús tal como eres, sin miedo a tu propia pobreza, tus carencias o tus limitaciones. Experimenta la liberación de no tener que ocultar nada de eso, de poder dejar caer ante él cualquier careta, máscara o pretensión. Escucha sus palabras: «*Dichosos los de corazón pobre, porque de ellos es el Reino de los cielos*» (Mt 5,3); «*Te bendigo, Padre, porque has escondido estas cosas a sabios y entendidos y se las has revelado a la gente sencilla*» (Mt 11,26).

Pídele llegar a coincidir con sus preferencias, alégrate de contar con un vacío habitable en el que acogerle a él y a los otros...

6

La fuerza de la mansedumbre

Habla Hanna, una seguidora de Jesús

Aquel sábado en la sinagoga (los hombres abajo, las mujeres arriba, detrás de la celosía), habíamos recitado el Salmo 37:

No te exasperes por los malvados,
no envidies a los inicuos.
Descansa en el Señor y espera en él,
no te exasperes por el que triunfa
empleando la intriga;
cohíbe la ira, reprime el coraje,
no te exasperes, y no obrarás mal;
porque los que obran mal son excluidos,
pero los que esperan en el Señor poseerán la tierra.
Aguarda un momento: ya no está el malvado;
fíjate en su sitio: ya no está ahí;
mientras, los sufridos poseerán la tierra
y disfrutarán de paz abundante.
Confía en el Señor, sigue su camino:
él te levantará a poseer la tierra...

Al salir nos dirigimos a casa de Dimas, un pariente de Leví que quería conocer a Jesús. Nos recibió en su taller de aperos de labranza y como Jesús conocía bien el oficio, se puso a conversar enseguida con Dimas acerca de qué madera era la mejor para hacer los yugos y a mirar y tocar el que Dimas acababa de hacer para un encargo. También él había estado en la sinagoga y durante la comida nos pusimos a comentar lo que habíamos escuchado y orado. Nicodemo que nos acompañaba ese día y es muy entendido en las Escrituras, se puso a explicarnos que el salmista llama *anawim* a los pobres, humildes y justos que, ante el éxito de los malvados, no se dejan llevar por la cólera o por la envidia, sino que ponen sus vidas en manos de Dios con una tranquila confianza.

—A causa de su mansedumbre y su esperanza, nos dijo, heredarán la tierra prometida a nuestro padre Abraham. Y también de Moisés se dice que era el hombre más manso y sufrido de la tierra... (Núm 12,3).

Pedro intervino inmediatamente:

—¿Quieres decir que no hay que perder nunca la paciencia, ni irritarse, ni rebelarse contra las injusticias? ¡Eso es imposible! Y además, ¿cómo se puede entender eso de «*Aguarda un momento: ya no está el malvado; fíjate en su sitio: ya no está ahí...*». Porque ahora esos sufridos somos nosotros que llevamos demasiado tiempo aguardando que cese la opresión de los romanos, pero no heredamos ni siquiera nuestra propia tierra y, encima, los que nos dominan siguen en ella tan tranquilos...

—Pues ya puedes ir rezando de nuevo el salmo, Pedro, porque no has entendido ni una palabra, le contestó Nicodemo con tono de ironía y desde la superioridad que le daban su saberes.

Pedro, a quien enseguida se le sube la sangre a la cabeza, intervino de nuevo, esta vez para ponerle en ridículo:

—Al menos yo me preocupo de lo que le ocurre a mi pueblo, mientras que vosotros los escribas estáis tan dedicados a escudriñar las Escrituras que no os enteráis de nada más...

La discusión estaba subiendo de tono y todos estábamos en expectación de lo que diría Jesús y por cuál de los dos tomaría partido. Pero él no parecía muy interesado en el asunto y conversaba aparte con Dimas acerca del precio que debía pedir por el yugo. Pero, de pronto, tomó la palabra y dijo lo que menos esperábamos oír:

—¿Quién de vosotros está dispuesto a tomar sobre él mi yugo? ¿Quién ha entendido lo que es ser discípulo mío y ponerse en mi escuela? Porque quien camina a mi lado, uncido a mi mismo yugo, va a tener que aprender mansedumbre y humildad... (Mt 11,28-30).

Nos habíamos quedado tan sorprendidos que ninguno sabía qué decir, así que nos alivió que él siguiera hablando:

—¿No recordáis lo que dijo el profeta Isaías sobre el Siervo de Yahvé? *Maltratado, aguantaba, no abría la boca...; pero él cargaba con nuestros sufrimientos y soportaba nuestros dolores como un cordero mudo ante el esquilador...* (Is 53,5.7). ¿Creéis que cuando le trataban injustamente se comportaba así porque era alguien débil, sumiso e incapaz de reaccionar con energía y fortaleza? Os digo de verdad que sólo el que ama a los demás más que a sí mismo posee la fuerza de vencer la ira y el rencor y es capaz de soportarlo todo a causa de aquellos a quienes ama. Los que renuncian a dominar y a imponerse a otros, esos son señores de sí mismos y poseen la verdadera libertad y los que lo descubren son más felices que quienes se sientan sobre tronos y someten a otros. Os aseguro que el Reino de los cielos padece violencia y a los que se dejan poseer por ese violento amor, mi Padre los declara herederos de sus promesas.

No podré olvidar nunca aquella sobremesa en la que aprendimos del Maestro lo que significaba tomar su yugo: había que dejar atrás el propio orgullo y cambiar el deseo de poderío por el de servir y dar la vida; había que elegir el camino de un amor paciente y lleno de mansedumbre y decidirse a perdonar setenta veces siete.

Cuando, mucho tiempo después, contemplé a Jesús arrastrado por las calles de Jerusalén cargado con el madero en el que iba a ser crucificado, recordé sus palabras sobre lo de llevar con él el yugo y comprendí por qué él había tomado el nuestro para llevarlo sobre sus hombros. Y supe que el secreto de su mansedumbre a la hora de encajar el sufrimiento procedía de su ilimitado y violento amor.

Habla Ana, una discípula de hoy

Después de leer en el Evangelio: *Dichosos los mansos porque ellos poseerán la tierra,* me voy al diccionario y encuentro como sinónimos de «manso»: *suave, dócil, apacible, bondadoso, manejable, dúctil, obediente, sumiso, tranquilo, disciplinado, dependiente...*

Cierro el diccionario con fastidio. No es posible que la mansedumbre de que habla Jesús sea esa actitud blanda y amorfa, típica de temperamentos apocados o flemáticos.

De pronto me acuerdo del personaje de Antonio Resines en la película *La buena estrella*: llega a querer tanto a la muchacha a la que ha recogido de la calle y a comprender tan bien sus sentimientos, que aguanta sin reproches el impulso que la arrastra a no romper con otro hombre tan desvalido como ella. Y el personaje de Resines aparece calificado como «El manso».

Por asociación de ideas, me acuerdo del profeta Oseas a quien Dios dijo: *Ve y ama* ***otra vez*** *a tu mujer, que se ha ido con otros amantes y es adúltera, porque es* ***así*** *como el Señor ama a su pueblo, Israel (Os 3,1).* Y me doy cuenta de que amar **así** requiere mucha mansedumbre. O quizá sea al revés: que detrás de la mansedumbre de esa conducta tan tercamente perdonadora y gratuita se esconde un amor inmenso e inexplicable para la sola razón.

Me viene a la memoria algo que he leído no sé dónde (o a lo mejor se me ha ocurrido a mí...): *Dios es un Amor que nun-*

ca se retira, y pienso en Jesús, llamando a Judas «amigo» después de recibir de él el beso con que lo estaba traicionando. Si consiste en eso «ser manso», está claro que en el Evangelio se trata de algo muy distinto de las conductas débiles que parece insinuar el diccionario. Y me entra envidia (de la sana) imaginando la extraña alegría que deben sentir los que son capaces de albergar en su corazón un amor así...

Si quieres profundizar...

Estas dos breves narraciones nos transmiten algo de la fuerte mansedumbre de ese «amor que nunca se retira»:

El beso. Hace unos años, cuando estaba en Irlanda, conducía un día por una carretera secundaria y escuchaba la radio. El programa era un concurso consistente en componer relatos breves. Este fue uno de ellos:

—Bienvenido a casa, hijo.

—Hola, Padre.

—Qué alegría me da verte. Hacía mucho tiempo.

—Sí, Padre, mucho tiempo. Ha sido duro. Duro como los clavos. Duro como la madera.

—Ya lo sé. ¿Qué fue lo más duro?

—El beso, Padre, el beso. (*Una larga pausa.*)

—Sí. Pasa y deja que te abrace.

Casi me salgo de la carretera. Después de unos segundos, me puse a llorar y tuve que hacerme a un lado. El relato me golpeó con fuerza.[5]

---

[5] Megan McKenna, *La cuaresma, día a día,* Santander 1997, p. 397.

El pastor. Sucede como con un pastor que tenía un rebaño de ovejas amenazado por los lobos. Cuando llegan los lobos, él va, se pone delante de las puertas del aprisco y atrae los lobos hacia sí, lejos de las ovejas, y éstos lo despedazan.

—¡Ningún pastor hace eso!, pues un hombre vale más que las ovejas.

—Salvo cuando ama tanto a las ovejas, las ama tan loca y desaforadamente, que se olvida de sí mismo y se sacrifica. La cuestión es el amor que tiene quien hace algo así.

—Pero ese es un amor disparatado que no conoce proporción, un amor injusto, sin prudencia ni medida.

—¿Conoces otro amor que sea de otro modo? ¿No es esta locura mía mi último y más profundo misterio, no es lo que yo soy? No sacar nada de ello salvo la alegría de que las ovejas vivan y con esa alegría ser feliz, ¿no es eso lo que yo soy?...[6]

Si haces oración...

Lucas narra así el final de la escena de las negaciones de Pedro en el atrio del Sumo Sacerdote:

Pasada cosa de una hora, otro insistía: —Seguro, también este estaba con él, ¡si es galileo!

Pedro contestó: —¡Hombre! ¡No sé de qué hablas!

Todavía estaba hablando cuando, de pronto, cantó un gallo. El Señor, volviéndose, le echó una mirada a Pedro, y Pedro se acordó de lo que el Señor le había dicho: —Antes que cante hoy el gallo me negarás tres veces.

Y, saliendo fuera, lloró amargamente (Lc 22, 59-62).

---

[6] Klaus Berger, *Qué es espiritualidad bíblica,* Santander 2001, p. 23.

Siéntete como Pedro: también has negado de muchas maneras a Jesús y de pronto sientes que él te está mirando. Quizá estás temiendo ver en su mirada decepción, o exigencia, o reproche... Pero te quedas asombrado al darte cuenta de que lo único que está queriendo comunicarte en la mansedumbre de su mirada es que su amor nunca se retira de ti, ocurra lo que ocurra. Agradécele ese amor y pídele que te haga «manso de corazón» para amar también así a tus hermanos, ocurra lo que ocurra...

7

Herederos de la tierra

Habla Hanna, una seguidora de Jesús

Hacía calor aquella tarde y nos refugiamos a la sombra de unos cipreses cerca del lago, mientras esperábamos a Pedro y Andrés que habían salido a pescar. Al atardecer, cuando la brisa comenzó a refrescarnos, llegó un grupo de niños alborotando y empujándose y se pusieron a jugar cerca de nosotros. El rabino había debido explicarles la historia del campesino Nabot, despojado de su viña por Ajab (1 Re 21) y se pusieron a representarla. El narrador la iba contando y cada niño representaba su papel: el rey, empeñado en apoderarse de una pequeña parcela de tierra que el honrado Natán no quería venderle; la perversa reina Jezabel que, por medio de intrigas y calumnias, conseguía que Natán fuera acusado falsamente y apedreado hasta morir; el profeta Elías, interviniendo como una llamarada de fuego de parte de Dios, en el preciso momento en que Ajab estaba tomando posesión de la tierra que había arrebatado a Nabot.

Cuando se cansaron de jugar y se marcharon, nos dimos cuenta de que Jesús se había quedado pensativo y dijo de pronto con un tono de gravedad apasionada:

—Os lo aseguro, a todos los desposeídos, humillados y sometidos, Dios va darles en herencia la tierra...

Nos quedamos perplejos, sin acabar de entender, como casi siempre, el porqué de aquellas afirmaciones suyas tan solemnes y desmesuradas. Santiago, que simpatiza abiertamente con los zelotas, intervino entusiasmado:

—Maestro, ¡ni siquiera el profeta Elías se atrevió a decir nada semejante! Veo que, por fin, te pones claramente de parte de los que pensamos que ha llegado la hora de emplear la resistencia armada. Los romanos han hecho con nosotros lo mismo que el rey Ajab con Natán y nos han despojado de nuestra tierra. ¡Tenemos que luchar contra ellos y, si Dios está de nuestra parte como dices, la victoria será nuestra!

Como era de esperar, las palabras de Santiago levantaron una fuerte polémica en el grupo:

—Lo que os ocurre a los zelotas, dijo Felipe con ironía, es que vais buscando dominar y ejercer el poder y, en cuanto lo tengáis, oprimiréis y explotaréis a los más débiles, lo mismo que sucede ahora.

—Y además estáis muy equivocados, le apoyó Leví. ¿No recordáis el salmo que recomienda a los escandalizados por la prosperidad de los que los oprimen, no reaccionar y esperar pacientemente la suerte final que tocará a unos y otros: castigo para los malvados y premio para los mansos (Sal 37)?

Juan salió en defensa de su hermano:

—¿Qué estáis queriendo decir con eso? ¿Que nosotros no podemos hacer otra cosa más que dejar que las cosas sigan como están, y decirle a la gente que tenga resignación y paciencia con su suerte?

Mientras seguían discutiendo, Pedro y Andrés habían arrimado la barca a la orilla y sacado los peces que traían para la cena. Jesús se había levantado sin decir ni una palabra, había cogido los peces y se había puesto a preparar el fuego para asarlos. Ninguno de nosotros caímos en la cuenta, tan acalorados estábamos con la polémica en torno a la violencia o la mansedumbre, y así continuamos hasta que Jesús avisó que la cena estaba lista. Nos sentamos a comer el pescado que había asado sobre las brasas encendidas y, como si nada hubiera ocurrido y se estuviera refiriendo a otra cosa, nos invitó a mirar cómo el fuego se había apoderado de los palos secos que había arrimado a él y cómo ahora ya era imposible separarlos. Era algo así lo que Dios quería de nosotros, dijo:

—Porque a los que se acercan a Dios les sucede que Él prende en ellos la pasión por hacer venir su Reino. Y será la violencia de su amor y de su justicia y no la del odio o la venganza, la que acelerará su llegada.

Siguió hablando mucho rato y en aquel anochecer a la orilla del lago, en torno a unas brasas aún encendidas, supimos que teníamos que arrojar en ellas tanto nuestras tentaciones de resignación pasiva como los impulsos de agresividad y rencor.

Y fue en aquella cena preparada y servida por el que era el mayor entre nosotros, cuando empezamos a entender algo de un Reino en el que la mansedumbre de los pobres es más poderosa que la fuerza de todos los que ejercen violencia.

Habla Ana, una discípula de hoy

Mientras contemplaba sobrecogida las imágenes desoladoras de un Afganistán arrasado, la cámara nos trasladó a uno de los campos de refugiados: gente arremolinada en torno a un camión de comida gritando, golpeando y recibiendo golpes, pegándose y aguantando agresiones. De pronto, enfocó en otra dirección y apareció una imagen diferente: junto a una de las tiendas de campaña hechas jirones, una mujer rodeada de niños amasaba una especie de torta. La imagen, aunque fugaz, se ha quedado grabada en mis pupilas y en mi corazón, comunicándome la insólita convicción de que, en medio de la tragedia, la vida sigue pujando, atrayendo y movilizando con fuerza. Y son precisamente los que no tienen nada los que con más energía ponen a producir sus recursos y su ingenio al servicio de esa vida.

Y mezclado con el dolor, me invade una inmensa admiración ante la fuerza de resistencia que parece habitar siempre a los pobres, especialmente a las mujeres: cuidan de sus hijos entre los escombros, se echan a buscar comida para ellos de donde sea, hacen milagros con lo poco que tienen y eso sin claudicar, sin dejarse rendir por la fatiga, como si hubieran tomado la decisión primaria de vivir y dar vida, obedeciendo, seguramente sin saberlo, a la llamada de Dios a vivir y dar vida a otros, aun en medio de la catástrofe.

Frente a la violencia prepotente de los que creen ser dueños del mundo, los que parecen privados de todo comunican la dignidad asombrosa de su mansedumbre activa y creadora. Y nos ayudan a dar la razón a Jesús cuando decía: *A todos los desposeídos, humillados y sometidos, Dios va darles en herencia la tierra...*

Si quieres profundizar...

Lo extraño de una tierra prometida como herencia a los «mansos» ha hecho que, con frecuencia, se hiciese una lectura espiritualista de esta Bienaventuranza. Así, la concreción material de la tierra se evaporaba en el etéreo estado celeste (el más allá), la herencia se transformaba en la salvación del alma y, sobre todo, se acentuaba la necesidad moral de la mansedumbre, las más de las veces interpretada como dócil y acrítica sumisión a las autoridades. En el Antiguo Testamento, «manso» es aquél que se encuentra en un estado de no-violencia, causada bien por cualidades interiores de la persona (el humilde, el manso) (cf. Núm 12,3; Sal 25,9; 34,3...), o por algún estado sociológico negativo (el humillado, el sometido).

La mansedumbre que Mateo atribuye a Jesús, no se refiere solamente a esta cualidad del carácter del Señor, sino a su elección social llevada a cabo por él «*tomando la condición de esclavo*» (Fil 2,7). Jesús no ha venido para que le sirvan, sino para servir (Mt 20,28), y pide que se aprenda de él, «*manso y humilde de corazón»* (Mt 11,29). Esta invitación no se limita al requerimiento de parecerse en el carácter, sino al cumplimiento de servicio a favor del prójimo, a imitación de quien, siendo *«el Maestro y el Señor»* (Jn 13,13), se coloca en la comunidad como el que sirve (Mt 23,10-12). La mansedumbre de Jesús tiene un rico contenido teológico: él, el único heredero del Padre, ha renunciado a las ventajas de esta herencia, para que todos los desheredados (los «mansos») la tomen en posesión.[7]

Si haces oración...

Trae a tu recuerdo algunas imágenes de las que los medios de comunicación nos ofrecen a diario en torno a personas, grupos o países en guerra. Contempla alguno de esos desfiles de gente huida o desplazada, caminando o en vehículos destartalados, llevando sus escasas pertenencias, con niños agarrados de las manos. Trata de mirarlos con los ojos de Jesús, fíjate cómo esa gente pobre y desvalida está poniendo al servicio de la vida todo lo que son y tienen y lo hacen porque, con frecuencia, no les queda mucho más. Pide a Jesús la capacidad de descubrir la santidad y la «bienaventuranza» que está ya presente en ellos, una santidad que no tiene que ver con virtudes ni obligaciones, con gracias ni méritos; no la santidad reconocida en las canonizaciones, ni la santidad de las virtudes heroicas, sino la de unas vidas realmente heroicas.

Escucha a Jesús revelándote que esos pobres que claman por vivir son santos intercesores o no, pero sí pueden conmover tu corazón. Poseen la santidad del sufrimiento, que tiene una lógica distinta, pero más primaria que la santidad de la virtud. Repite junto a él las palabras de reconocimiento que pronunció el centurión ante Jesús Crucificado: «Verdaderamente, estos son hijos e hijas de Dios».[8]

---

[7] A. Maggi, *Las Bienaventuranzas,* Córdoba 2001, pp. 89-90.

[8] La reflexión de Jon Sobrino sobre el terremoto de El Salvador está detrás de estas sugerencias de oración.

8

Los que lloran, reirán

Habla Hanna, una seguidora de Jesús

Cuando escuché proclamar a Jesús: *Dichosos los que ahora lloráis, porque reiréis* (Lc 6,21), confieso que mi primera reacción fue de asombro y luego de rebeldía. ¿Qué sabe él de sufrimiento y de lágrimas?, pensé. Conociendo a María, su madre, y por lo que había oído decir de José, su padre, su infancia no había podido ser desgraciada. Había tenido familia, un hogar y trabajo y era imposible que supiera por su propia experiencia, como yo y otros muchos, lo que eran el dolor, el desamparo y el llanto.

Es verdad que cada vez estaba más acosado por los fariseos y escribas y que tenía a toda la clase sacerdotal en contra, pero sabía encarar sus críticas con astucia y valentía y solía salir airoso en las confrontaciones con ellos.

Sus palabras se convirtieron para mí, y creo que para los demás, en un laberinto sin salida hasta el día en que, al llegar a la puerta de la ciudad de Naim, nos topamos con un cortejo fúnebre. Había una especial consternación en la comitiva porque el muerto era un joven, hijo único de una viuda, y partía el corazón verla caminar tambaleante y deshecha por el dolor, junto al féretro del cadáver del muchacho. Pensé con cierto sarcasmo que, según la convicción de Jesús, aquél era un buen momento para prometer la dicha a aquella mujer inundada en llanto y que sus lágrimas se convertirían en risas.

Le miré para saber su reacción y me di cuenta de que estaba profundamente afectado por la escena: como movido por un impulso, se acercó a la mujer, le puso la mano en el hombro y le dijo con el tono de decidida autoridad que ya le había escuchado en otras ocasiones: —*No llores* (Lc 7,13).

Después se acercó al féretro y, desafiando la severa prohibición de la ley judía en torno a los cadáveres, tocó el cuerpo inerte del muchacho. Lo que ocurrió después, todos lo presenciamos asombrados, pero, más allá de la admiración por aquel signo del poder de Jesús sobre la muerte, yo supe que se me abría una pequeña puerta para adentrarme en el mundo del sufrimiento y del dolor: no desaparecía nada de su misterio, ni tampoco de la urgencia de luchar contra todo mal y toda opresión. Pero podíamos hacerlo desde la seguridad de que entre nosotros estaba alguien que nunca se resignaría a nuestras lágrimas, y que con su poderosa compasión era capaz de cambiar su signo de manera irreversible.

Recordé las palabras del profeta: *En aquel día, el Señor enjugará las lágrimas de todos los rostros...* (Is 25,7). Y supe que ese día ya había llegado y que la presencia del Dios que Isaías llama «el Compasivo», nos acompañaba ya, como el pastor que camina al lado de su rebaño cuando tiene que atravesar las cañadas oscuras de la desolación.

Y esa presencia convertía nuestro luto en danza y nuestras lágrimas en fiesta.

Habla Ana, una discípula de hoy

La verdad es que no tengo ni idea de cómo hay que entender lo de «*Felices los que lloran*». Cuando escucho la Bienaventuranza de los pobres de espíritu, los mansos y los limpios de corazón, pienso que es verdad, que esconden en su interior un secreto de alegría y de libertad. Y me resultan más fáciles de entender, junto con las de los misericordiosos, los hambrientos de justicia y los constructores de paz.

Pero ya no sé qué hacer con lo de la tristeza y las lágrimas: no me sirve de mucho entenderlo sólo como responsabilidad de «secar lágrimas», porque siento que es muy poco lo que puedo hacer ante tantísimos sufrimientos del mundo. Tampoco me gusta eso que a veces oigo sobre la capacidad de compasión que surge a partir de la experiencia del sufrimiento (veo que otras personas se amargan y se cierran...). Y, por supuesto, no estoy de acuerdo con lo de esperar al otro lado de la vida, cuando se abra la puerta de la Casa del Padre, porque lo que leo es una proclamación de felicidad para el aquí y ahora del que está sufriendo. Quizá lo que quiere afirmar no es tanto que somos felices cuando lloramos, sino que las lágrimas impiden que nos encerremos en nosotros mismos y hacen posible recibir consuelo de otros.

En cualquier caso, me encuentro sola frente al muro del misterio del dolor y no sé qué decir al que sufre.

Al creyente quizá le diría que abra su corazón a la confianza, que no cese de buscar a Dios porque Él se le hará próximo. Pero, ¿qué decir al que no cree y sufre? Creo que lo único que puedo hacer es permanecer en silencio junto a él, no escapar de su dolor, dejarme afectar también por él, aunque tratando de que no me destruya.

Ponerme luego ante Dios con mis manos vacías, pobremente, presentándole a esa persona que amo y que sufre. Recordar las palabras de Jesús a la madre del muchacho muerto de Naim: *No llores*. Tomar la decisión de confiar, por encima de todo desánimo, en la promesa del último libro del Nuevo Testamento: *Esta es la morada de Dios entre los hombres: morará con ellos, ellos serán su pueblo y Dios mismo estará con ellos. Les enjugará las lágrimas de los ojos y ya no habrá muerte ni pena ni llanto ni dolor. Todo lo antiguo ha pasado. Y el que estaba sentado en el trono dijo: Mira, yo hago nuevo el universo* (Ap 21,3-4).

Si quieres profundizar...

Estos fragmentos de cartas escritas desde un campo de concentración durante la ocupación nazi expresan algo de la Bienaventuranza: *Dichosos los que ahora lloráis, porque reiréis.* Su autora es Etty Hillesum, una joven judía holandesa cuyo extraordinario itinerario espiritual reflejan su diario y sus cartas:[9]

«Esta mañana, mientras procedía a lavarme junto a una compañera, le dije lo que sigue, desde lo más profundo de mi corazón: "Los espacios del alma son inabarcables, infinitos. Estas leves incomodidades corporales, este sufrimiento, no tienen mucha importancia. No existe en mí la impresión de haber sido privada de mi libertad y, después de todo, nadie, absolutamente nadie, me puede hacer daño". Sí, así es. Me siento arrebatada por una especie de melancólica serenidad. Si alguna vez os he escrito una carta desesperada, tomadla con benevolencia, porque es el fruto de un desánimo fugaz. Sufrir no debería implicar hundirse en la desesperación total».

«Sí, la miseria es grande y aun así me ocurre a menudo por las noches, cuando el día se va apagando dentro de mí, hondamente, que camino con ágiles zancadas a lo largo de la alambrada y siento subir de mi corazón una fascinación —no lo puedo evitar, proviene de una fuerza elemental—: esta vida es maravillosa y grande, tenemos que construir un nuevo mundo después de la guerra. Y a cada infamia, a cada crueldad, hay que oponerle una buena dosis de amor y buena fe, que primero habremos de hallar dentro de nosotros mismos. Tenemos derecho a sufrir, pero no a sucumbir al sufrimiento. Y si sobrevivimos a esta época ilesos de cuerpo y alma, de alma sobre todo,

[9] *El corazón pensante de los barracones*, Barcelona 2001.

sin resentimientos, sin amarguras, entonces ganaremos el derecho a tener voz cuando pase la guerra. Tal vez soy una mujer demasiado ambiciosa, me gustaría tener una palabra que enunciar.»

«Es la única manera de poder vivir ahora: el amor al más atormentado semejante, sin preferencias; un amor que no se fije en razas, nacionalidades o filiaciones políticas. Y cuando esta idea se me impone en un momento en el que no existe el consuelo, puedo seguir adelante, pero no con un sucedáneo de vida como la que llevan aquí la mayoría en un campo de concentración de paso, para judíos y en plena guerra mundial... No, nada de eso. Yo me refiero verdaderamente a un ímpetu esperanzador, a la alegría, al convencimiento y a una vaga suposición de pertenencia, que existen y que, en el fondo, hacen que la vida esté dotada de sentido. Pero es imposible escribir de ello cuando careces de las palabras necesarias. No os preocupéis por mí ni os sintáis tristes; con esa actitud me haríais un flaco favor.»

«Un amigo inolvidable —por cuya partida aún siento gratitud— me reveló lo que enseña una lectura de san Mateo: "No te preocupes por el mañana, que el mañana ya se preocupa de sí mismo. Cada día tiene su dosis justa de sufrimiento". Es la única actitud que te permite sobrevivir en este lugar. Sólo con el alma en paz puedo despojarme cada noche de mis numerosas preocupaciones terrenales y depositarlas a los pies de Dios. Bien es verdad que son pesares triviales, por ejemplo cómo ingeniármelas para lavar la ropa de toda la familia... y cosas así. Las grandes preocupaciones han dejado de ser preocupaciones; son un destino al que estoy firmemente atada.»

Si haces oración...

Evoca rostros y situaciones de personas o grupos a los que hoy sigue dirigida la Bienaventuranza: *«Dichosos los que lloran por-*

que serán consolados». Ponte junto a la cruz de Jesús y lee este poema de B. González Buelta:

Dentro de tu grito en la cruz
caben todos nuestros gritos,
desde el primer llanto del niño
hasta el último quejido del moribundo.
Desde tu grito lanzado al cielo
encomiendan su vida en las manos del Padre
todos los que se sienten abandonados
en un misterio incomprensible.
Desde el desconcierto lanzado como queja
de los que experimentaron tu amor alguna vez
pero se sienten abandonados ahora,
y sólo en la lucha contigo esperan su salida,
desde todas las noches del espíritu,
llega hasta tus manos de Padre nuestro grito.

En este grito tuyo último,
dolor de hombre y dolor de Dios,
inclinamos agotados la cabeza
y te entregamos el espíritu,
cuando llegamos a nuestros límites,
donde se extinguen los esfuerzos y los días
y donde empezamos a resucitar contigo.[10]

---

[10] *La transparencia del barro,* Santander 1989, p. 38.

9

Contemplar el rostro de Dios

Habla Hanna, una seguidora de Jesús

Aún resonaban a lo lejos los cascos del caballo de Publio, el centurión romano que había pedido la curación de su siervo, cuando Jesús decidió: —Vamos a ir a su casa.

Algunos del grupo protestaron: —Maestro, es un súbdito de Roma y encima miembro de su ejército...

—¿Qué estás queriendo decir?, añadió Pedro horrorizado, ¿que vamos a entrar en casa de un pagano y a sentarnos a su mesa? Ya has visto que él mismo ha reconocido que no es digno de ello.

Natanael añadió:

—Los fariseos y escribas no nos perdonarán nunca esto y ya no tendremos nada que hacer como grupo...

—El que no quiera, que no venga, yo voy a ir, zanjó Jesús con la decisión a la que ya nos tenía acostumbrados, y sólo los de pasado más oscuro y que menos teníamos que perder, le acompañamos.

Cuando los criados anunciaron a Publio nuestra llegada, salió atónito y emocionado y llamó al siervo que había sanado: era un etíope gigantesco, ya casi anciano pero aún robusto y erguido, con una piel oscura en la que se notaban aún unas leves marcas que al momento reconocí como de lepra ya curada. Cuando Publio le dijo que estaba delante del hombre a quien debía su sanación, sus ojos se humedecieron y se postró ante Jesús en un gesto conmovido de agradecimiento y respeto. Jesús lo puso en pie y, ante el asombro de todos, se puso a hablar con él y a hacerle preguntas sobre su vida. Yassu apenas hablaba nuestra lengua, pero conseguimos enterarnos de que, siendo aún un muchacho, sus padres habían sido capturados en una incursión romana en Etiopía, los había comprado un hombre que poseía canteras y había pasado muchos años de su vida partiendo y acarreando piedras. Cuando tuvo menos fuerza, fue vendido a un curtidor armenio y con él aprendió a desollar animales y a curtir pieles y, cuando su amo contrajo la lepra, él mismo lo cuidó hasta su muerte, lavando y curando sus terribles llagas sin temor a un contagio que finalmente le alcanzó. Fue entonces cuando Publio, que era amigo del armenio, se lo llevó consigo, admirado de la generosidad de su servicio.

Tenía unas enormes manos llenas de viejas cicatrices y unos ojos incomprensiblemente inocentes, sin rastro de odio ni de amargura. Dijo a Jesús que cada día invocaría a sus dioses para que lo protegieran y le concedieran larga vida, y se retiró a preparar el banquete que Publio quería dar para celebrar la presencia del Maestro y la curación de Yassu.

Durante la comida me di cuenta de que su mirada se cruzó varias veces con la de Jesús y de que éste seguía sus idas y venidas trayendo platos y escanciando el vino. Al despedirse le llamó por su nombre y consiguió que su rostro se iluminara de satisfacción.

Cuando nos reunimos con el resto del grupo, encontramos a Natanael muy agitado por una discusión que había tenido lugar a la salida de la sinagoga a propósito de la interpretación de unas palabras del Salmo 24: *¿Quién subirá al monte del Señor? ¿Quién entrará en su recinto sacro? El hombre de manos inocentes y puro corazón...* Había escuelas distintas en lo referente a la purificación de manos, vestiduras y vasijas y la más estricta defendía que se contraía impureza sólo con rozar un objeto que hubiera estado en contacto con un cadáver, una mujer durante su regla o un leproso, y no solamente con tocarlos directamente, aun de manera involuntaria. Natanael era partidario de una postura más benévola y quería saber qué opinaba Jesús sobre el asunto.

Era evidente que a Jesús no le interesaba para nada la discusión y zanjó el tema afirmando con rotundidad:

—Os aseguro que hoy he conocido a alguien que puede preceder a todos a la hora de entrar en el templo del Señor y si queréis conocerlo, id a casa de Publio y os servirá la mesa un esclavo etíope que es más digno de honor que todos los que se sienten en ella. Porque os digo de verdad que, aunque adora a otros dioses, conoce a mi Padre más que todos los escribas y los entendidos en la Ley. Y dichosos los que, como él, tienen un corazón limpio, porque están ya contemplando desde ahora, cara a cara, el rostro de Dios.

Habla Ana, una discípula de hoy

He vuelto a ver en vídeo una antigua película de Fellini, *Las noches de Cabiria*. La protagonista (Giulietta Masina, insignificante de físico e inmensa como actriz), es una prostituta barata de la periferia romana que con enorme esfuerzo ha conseguido reunir el suficiente dinero como para comprar una casa y se siente orgullosa de ello. Aparece en su vida un hombre bueno que por fin la respeta, la quiere y está dispuesto a casarse con ella: en la mirada de la mujer se concentra toda la ilusión y la inocencia del mundo. Hacen planes de futuro, ella vende su casa y en una salida juntos al campo en que ella lleva encima el dinero de la venta, él se lo quita y está a punto de matarla, pero al final desiste y huye. Ella, después de muchas horas de llanto desesperado tumbada sobre la tierra, se levanta por fin y comienza a descender del monte lentamente. Pasan junto a ella un grupo de jóvenes cantando y riéndose y, como si se sintiera irresistiblemente atraída por la vida, se seca las lágrimas, se une a ellos y sigue caminando con una sonrisa leve en los labios.

Al acabar de verla, he tenido la impresión de haber asistido a una versión narrativa de la Bienaventuranza de los limpios de corazón. Y me he dado cuenta de cómo ha ido cambiando para mí el significado de esa Bienaventuranza: durante mucho tiempo la he tenido asociada a la pureza, la castidad y todo lo relacionado con el sexto mandamiento. Pero cada vez la voy reconociendo más en gente que, como Cabiria, viven actitudes de amor activo, de atracción por todo lo que es vida y se niegan a endurecerse en posturas de rencor, amargura o escepticismo.

Algo parecido a lo que me ha pasado con el concepto «creyente»: ya no pienso que lo es exclusivamente quien profesa un Credo, sino, como dice Karl Rahner, quien «enfrenta animosamente la vida». Y eso me puebla la memoria de personas de todo tipo y condición que posiblemente no engrosarán las listas de los católicos practicantes, pero que afrontan la vida y sus problemas con tal fuerza, resistencia y ánimo, que es imposible no reconocer en ellos las huellas de la fe.

También se me han ensanchado los límites de la limpieza de corazón y ahora la detecto en las actitudes de esas personas de las que decimos que van «con el corazón en la mano», que carecen de doblez, que son capaces de ofrecer siempre a los demás otra oportunidad, que no catalogan definitivamente a nadie por sus equivocaciones. Francamente, no me extraña la promesa de Jesús de que «verán a Dios». Si yo fuera Él, creo que me haría el encontradizo preferentemente con ese tipo de personas...

Si quieres profundizar...

El lanzador de estrellas. Cuenta Loren Eisley (autor del cuento) que, cuando era niño, iba a la playa cada mañana y se encontraba con gente que rastrillaba la arena en busca de estrellas de mar que las olas hubieran traído a la orilla durante la noche. Allí las mataban para su venta posterior. Aunque pequeño, para Eisley era un signo de las múltiples formas con que el mundo dice «no» a la vida. Pero una mañana se levantó antes que de costumbre y vio a alguien en la playa. También estaba cogiendo estrellas de mar pero cada vez que encontraba una viva, la cogía y la lanzaba lo más lejos que podía, más allá de donde rompían las olas, de vuelta al océano nutriente de donde venían. Pasaban los días y Eisley siempre veía a aquel hombre cumpliendo su misericordiosa misión cada mañana, los siete días de la semana, sin preocuparse por el tiempo. Eisley le puso por sobrenombre «el lanzador de estrellas».

Aquel hombre y su madrugadora tarea contradecía todo lo que a él, Eisley, le habían enseñado sobre la evolución y la supervivencia de los más fuertes. Allí, en la playa de Costabel, el fuerte se agachaba para salvar al débil, no para aplastarlo. Y Eisley se pregunta si hay en el universo un lanzador de estrellas en activo, un Dios que se oponga a la muerte, un Dios cuya naturaleza, como decía Thomas Merton, sea «misericordia sobre misericordia, sobre misericordia», y que quiere sólo vida. [11]

En el cuento aparecen dos tipos de mirada: la de quienes van buscando en todo su propio provecho y ven en las personas o en las cosas objetos al servicio de su propio «acrecentamiento», o la de quienes miran cómo «acrecentar» a los otros, cómo ponerse a favor de su vida. Nos lo jugamos todo en esa manera de mirar desde la limpieza de corazón...

[11] Citado por Barbara Fiand en *Luchando con Dios*, Madrid 2002, p. 45.

Si haces oración...

Dedica un tiempo a contactar con tu propio corazón, ese centro donde se fragua lo mejor y lo peor de nosotros, la fuente interior de la existencia, donde se gestan nuestras actitudes de autenticidad o de doblez.

Desde ese lugar central de tu persona, escucha la promesa profética:

«Os reuniré de todos los países y os llevaré a vuestra tierra. Os rociaré con un agua pura que os purificará, de todas vuestras inmundicias e idolatrías os he de purificar, os daré un corazón nuevo y os infundiré un espíritu nuevo; arrancaré de vuestra carne el corazón de piedra y os daré un corazón de carne (Ez 36,24-27).

Pídele al Espíritu de Jesús que te conceda un corazón limpio, que haga de él un «lugar de Dios», y que desde él ilumine tus ojos para que sepas reconocer su presencia en cada persona y circunstancia de tu vida.

10

Los ojos iluminados del corazón

Habla Hanna, una seguidora de Jesús

Y entonces Jesús dijo:

—«Echad la red a la derecha de la barca, es ahí donde están los peces...».

¡Y sacamos tantos que casi se nos rompe la red!

Era Andrés quien nos contaba, una vez más, cómo había conocido a Jesús y aunque se lo habíamos oído ya muchas veces, siempre nos enganchábamos a su relato.

—Pues ya es raro, intervino Tomás que siempre cuestiona lo que otros dicen, porque los de Nazaret no entienden una palabra de pesca. Así que me extraña que él supiera por dónde estaba el banco de peces...

—A mí no me parece extraño, dijo Juan, porque él se fija en cosas que los demás no vemos. ¿No os acordáis de aquel día que estábamos en Gerasa y vimos a aquel hombre endemoniado que se golpeaba contra las piedras y al que nadie podía sujetar? Era como una fiera salvaje y tuvimos miedo cuando llegó corriendo y dando gritos. Todos nos alejamos menos Jesús que se quedó quieto esperándole, le dejó acercarse y no retrocedió mientras el otro aullaba y le imprecaba. Luego vino aquello tan terrible de los cerdos echándose al mar, como contagiados por la locura del poseso, pero a Jesús no pareció importarle, él tenía toda su atención centrada en aquel hombre que había recuperado el aspecto humano y le hablaba en voz baja, como si fuera un amigo a quien conociera de toda la vida. Después le despidió y más tarde supimos que andaba por toda la Decápolis hablando de lo que Jesús había hecho por él. Y eso que a todos nos asombró, a Jesús le pareció lo más natural, como si desde el principio hubiera sabido que detrás de aquella apariencia violenta y agresiva, aquel hombre escondía una capacidad inmensa de lealtad y de gratitud. Por eso os decía que él mira a las personas y también a las cosas de una manera diferente de nosotros.

—Yo todavía me pregunto qué pudo ver en mí para llamarme, dijo Leví, pero la realidad es que cuando me miró y me dijo que le siguiera, su llamada consiguió despertar en mí una extraña confianza. Él vio en mí posibilidades ocultas que yo desconocía y decidí fiarme más de sus ojos que de los míos, por eso estoy aquí con vosotros...

Lo que acababa de escuchar me estaba ayudando a poner nombre a un pensamiento que se escondía en mi corazón desde hacía tiempo: era precisamente la manera de mirar de Jesús lo más sorprendente de él. Sus ojos iban siempre más allá de lo que los demás conseguíamos ver: en las cosas normales de la vida cotidiana él veía señales de Dios y de su Reino. Por eso, cuando un día proclamó: «Dichosos los limpios de corazón», pensé que, sin pretenderlo, estaba describiéndose a sí mismo. Y que era el secreto de una mirada iluminada desde los ojos del corazón lo que nos estaba comunicando.

Habla Ana, una discípula de hoy

El escaparate de una óptica me ha hecho pensar que está en nuestras manos elegir con qué tipo de gafas queremos mirar la vida. Hay quien las elige ahumadas y sombrías y a través de ellas ven todo lo negativo de las situaciones y las personas: si entran en una casa acogedora y cálida, sólo se fijarán en la pequeña telaraña que hay en un rincón; si les presentan un proyecto, señalarán en el acto todos sus inconvenientes y ninguna de sus ventajas; y si se trata de personas, las verán llenas de límites, fallos y equivocaciones... El refrán-convicción que les acompaña es: «Piensa mal y acertarás». Que en su versión radical sentencia: «Piensa mal y te quedarás corto».

Pero por fortuna existen también otras gafas, las del «bienmirar» y mucha gente que las lleva puestas. Se les reconoce por una especial luminosidad en su mirada y porque a través de sus ojos, expresan una declarada decisión por mirarte «desde tu mejor ángulo» y por ver en ti, más allá de tus torpezas y defectos, la belleza y la bondad que se esconden en lo más secreto de ti misma. Tienen el don de sacar a flote lo mejor que hay en ti e impulsarlo hacia adelante. Te miran de frente y a los ojos, pero no para analizar ni controlar: su mirada es la de alguien que, desde una honda compasión, se ofrece para hacer camino con quienes se le acercan.

Me hacen recordar este poema de Pedro Salinas que empieza así:

Perdóname por ir así buscándote,
tan torpemente, dentro de ti.
Perdóname el dolor, alguna vez...
Es que quiero sacar de ti tu mejor tú,
ese que tú no viste y que yo veo,
nadador por tu fondo preciosísimo...

¿Sería así la mirada de Dios en la tarde del último día de la creación, cuando *vio que todo era muy bueno...?*

Si quieres profundizar...

¿Podemos imaginar una mirada absolutamente limpia, ajena a prejuicios, libre de intereses? Hay personas que se acercan a ese modelo, que han conservado la pureza original, guiados como Simeón, por el Espíritu y no esperando como él sino el consuelo para todos. Éstos son los limpios de corazón, éstos son los que verán a Dios. Como aquel varón honrado y piadoso, verán «al Salvador, dispuesto ante todos los pueblos como luz». Quienes logran acercarse a ese ideal tendrán ocasión de probar, desde el testimonio de otros, a veces en contraste con oscuridades personales, que se han hecho luminosos. Su luz, como decía Jesús, ha brotado como aurora. Pero no sólo eso: descubrirán que su mirada se hace más y más contemplativa ante «la diversidad de presencias que presenta la riqueza del mundo y aun el resplandor de lo que nombramos universo. Ya que hay una íntima, indisoluble correlación entre inocencia y universalidad, sólo los hombres de corazón inocente podrán habitar el Universo» (María Zambrano).

Un corazón inocente, sin pretensión ninguna, sin intención, es capaz de ver un hermano donde los demás sólo ven un hombre o una mujer. Capaz de ver un prójimo donde los otros ven un marginado, un pobre. Capaz de ver valioso a quien los demás tienen por un inútil.

Porque en los pobres es donde se define el corazón inocente ¿Quién movido de intereses querrá abordarlos? Pero el inocente no dudará en acercarse a los pobres, lisiados y cojos (Lc 11,13). Le parecerá que eso es lo normal y esa será para ellos la buena noticia. Porque reservas, prejuicios y murallas no son palabras de su vocabulario ni realidades de su vida. Los limpios de corazón son esencialmente reconciliadores. Un día preguntarán a Jesús mismo: «¿Cuándo te vimos?». Y escucharán la respuesta: «Cuando actuasteis así con uno de estos hermanos».[12]

[12] Carlos Fernández Barberá, *Ver, oír, oler, gustar y tocar a Dios*, Madrid 1996, pp. 24-25.

Si haces oración...

Cuentan de un hombre que, cada tarde, en su camino de regreso del trabajo, entraba en una iglesia abierta. No sabía casi nada sobre la oración, pero se ponía cerca del sagrario y decía: «Jesús, soy Andrés». Se quedaba después callado durante unos minutos y se marchaba. Un día tuvo un accidente muy grave y estuvo varias semanas en el hospital. Al acabar la estancia, una enfermera le dijo:

—Andrés ¿cómo es que pareces estar siempre tan contento?

Él contestó:

—Es a causa de mi visitante.

—¿Qué visitante?, dijo ella, yo nunca he visto a nadie que viniera a verte.

—Yo tampoco le he visto, dijo él, pero cada día, al atardecer, Él estaba ahí, junto a mi cama y me decía: «Andrés, soy Jesús...».

Andrés, que creía que no sabía rezar, era alguien «limpio de corazón» y por eso «veía a Dios...».

Ponte junto a Jesús, repítele tu nombre y deja que él pronuncie el suyo en el silencio de tu corazón.

11

Movidos por la compasión

Habla Hanna, una seguidora de Jesús

A Natanael le habían entusiasmado las palabras de Jesús: «*No hay nada fuera del hombre que, al entrar en él, pueda contaminarle. Lo que sale del hombre es lo que contamina al hombre*» (Mc 7,15).

—Tienes razón, Maestro, añadió con mucho convencimiento, se ve que es de los sabios de nuestro pueblo de donde has aprendido esa doctrina. Porque hay un proverbio que dice: «*Hijo mío, cuida tu corazón porque en él están las fuentes de la vida*» (Prov 4,23), y otro: «*El corazón del rey es como una acequia: Dios lo conduce como quiere*» (Prov 21,1).

También Andrés estaba de acuerdo:

—Es verdad que lo importante del hombre está en su interior y ya lo has dicho tú: «Dichosos los misericordiosos porque alcanzarán misericordia». Por eso debemos sentir siempre compasión ante las desgracias de los demás y no endurecer nuestro corazón, como vemos que hacen los escribas y fariseos.

Pedro se enganchó a la opinión general, seguro de que al criticar a los fariseos iba a tener a Jesús de su parte:

—Hoy he visto a uno de ellos dando limosna a un mendigo a la salida del templo, pero seguramente lo hacía para que los demás lo vieran y en su interior no había ni rastro de misericordia.

Jesús, como casi siempre, tomó la postura contraria a la que todos esperábamos:

—Pero quizá aquel mendigo necesitaba comer hoy y ha podido hacerlo gracias a la limosna de ese fariseo... Y si sólo lo hubiera mirado con compasión, se hubiera quedado con el estómago vacío.

Surgieron las reacciones de protesta:

—¡Pero Maestro, tú siempre dices...!

Y cada uno recordó criterios de Jesús en torno a la dureza de entrañas.

—Voy a contaros una historia, dijo él: Bajaba un hombre de Jerusalén a Jericó y unos bandidos le robaron y le molieron a palos dejándolo medio muerto. Pasaron por allí un sacerdote y un fariseo y como no sabían si estaba muerto y el que toca un cadáver queda impuro, dieron un rodeo y pasaron de largo. Llegó también un samaritano y, al verlo, se llenó de compasión, sus ojos se llenaron de lágrimas al ver su estado, le dirigió unas palabras de afecto y de ánimo y se marchó indignado por la conducta de los bandidos que lo habían tratado así.

Y ahora decidme: ¿creéis que ese samaritano se comportó con misericordia? ¿Pensáis que cuando digo: «*Dichosos los misericordiosos*», es esa manera de comportarse la que nos hace parecidos al Padre del cielo? ¿No comprendéis que el hombre, hecho a imagen del Dios que es uno, está llamado a ser también «uno» y a no separar las obras de sus manos de los sentimientos de su corazón?

No sabíamos qué contestarle y nos quedamos callados un largo rato hasta que él mismo rompió el silencio:

—Ahora voy a contaros otro final: aquel samaritano, mientras se alejaba, no dejaba de sentir compasión en sus entrañas y por eso, tiró de las riendas de su mula, se dio la vuelta y acercándose al herido, le curó las heridas, le montó en su cabalgadura, lo llevó a la posada, pagó su estancia al posadero y quedó con él en que volvería al cabo de pocos días a ver cómo iba el herido y a pagar los gastos ocasionados.

Os aseguro que fue entonces cuando se comportó con misericordia con él y os digo también: a los que obren como él, mi Padre del cielo los envolverá en su misericordia.

Habla Ana, una discípula de hoy

Releyendo de nuevo la parábola del buen samaritano me he dado cuenta de que me veo reflejada en cada uno de los personajes. A veces me siento machacada y vapuleada por la vida y tendida en el fondo de la cuneta, a la espera de que alguien me eche una mano. Otras veces, con más frecuencia (vergüenza me da reconocerlo), adopto la actitud del sacerdote y el levita con distintas «variantes»: doy un rodeo a través de mi «compasión de sillón» que consiste en creer que porque me dan pena las escenas de sufrimiento que veo en la televisión o leo en los periódicos, ya estoy viviendo de una manera misericordiosa. O practico una misericordia selectiva: me conmuevo ante ciertos problemas humanos, mientras que me quedo indiferente ante otros a los que ya me he acostumbrado. O me comporto de esa manera que Pablo llama «*ser enemigo de la cruz de Cristo*» y encuentro la manera de «dar un rodeo» ante el sufrimiento ajeno pensando que, puesto que no soy capaz de solucionarlo, es inútil acercarme a la persona que sufre.

También es verdad que en otras ocasiones sí he actuado «a lo samaritano» y me he acercado a lugares de dolor para compartir la frustración, el miedo, la confusión y la angustia de otros. Pero cuando me he comportado así he sentido claramente que esa actitud de misericordia no nacía de mí sino que, sin poder saber exactamente cómo, estaba participando de las entrañas de misericordia de Dios mismo.

Entonces, a la pseudo-alegría que parece ofrecernos la competitividad, el egoísmo y el «ir a lo nuestro», se le cae la careta y aparece ridícula y mezquina en comparación con el contento profundo de estar viviendo al unísono de la ternura de Dios y sirviéndole de cauce para llegar a la gente.

¿Será esto algo de lo que Jesús quería decir con lo de «Dichosos los misericordiosos»?

Si quieres profundizar...

El término «misericordia» hay que entenderlo bien, porque puede contar cosas verdaderas y buenas, pero también cosas insuficientes y hasta peligrosas: sentimiento de compasión (con el peligro de que no vaya acompañado de una praxis), alivio de necesidades individuales (con el peligro de abandonar la transformación de las estructuras), actitudes paternales (con el riesgo del paternalismo)...

Por «principio-misericordia» entendemos un específico amor que está en el origen de un proceso, pero que además permanece presente y activo a lo largo de él, le otorga una determinada dirección y configura los diversos elementos del proceso. Ese «principio-misericordia» creemos es el principio fundamental de la actuación de Dios y de Jesús y debe serlo de la Iglesia.

«En el principio estaba la misericordia.» En el origen del proceso salvífico está presente una acción amorosa de Dios: *«He visto la opresión de mi pueblo en Egipto, he oído sus quejas, me he fijado en sus sufrimientos y he bajado a liberarlos»* (Éx 3,7 ss.). A esta acción del amor así estructurada le llamamos «misericordia» y de ella hay que decir que es una *acción* o más exactamente una *reacción* ante el sufrimiento ajeno interiorizado, que ha llegado hasta las entrañas y el corazón propios y que es motivada *sólo* por ese sufrimiento.

El sufrimiento ajeno interiorizado es, pues, principio de la reacción de misericordia. (...) Es esa misericordia lo que configura la vida y misión de Jesús y le acarrea su destino. Y es también lo que configura su visión de Dios y del ser humano: al contar la parábola del samaritano no nos dice qué fue lo que discurrió ni con qué finalidad última actuó. Lo único que se nos dice es que lo hizo «movido a misericordia».

El ser humano cabal es, pues, el que interioriza en sus entrañas el sufrimiento ajeno de tal modo que se hace parte de él y se convierte en principio interno, primero y último, de su actuación.[13]

Si haces oración...

Puedes seguirle el rastro a la misericordia de Jesús en algunas escenas del Evangelio:

—Al ver al leproso, *«compadecido de él, extendió su mano y le tocó...»* (Mc 1,41).

—*«Al desembarcar, vio mucha gente y sintió compasión de ellos, pues estaban como ovejas que no tienen pastor»* (Mc 6,34).

—*«Al ver a la muchedumbre sintió compasión de ella, porque estaban vejados y abatidos...»* (Mt 10,36).

—Al ver a la viuda de Naim *«el Señor tuvo compasión de ella y le dijo: No llores»* (Lc 7, 13).

—Ante los enfermos *«sintió compasión de ellos y los curó»* (Mt 14,14)...

No es una simple reacción afectiva: es una reacción que critica, que tiene el valor de actuar contra la falta de sensibilidad, contra la indiferencia, contra el embotamiento social de su tiempo, es decir, contra todo lo que hiere a la humanidad.

---

[13] Jon Sobrino, *El principio misericordia*, Santander 1992, p. 32.

Lleva a la presencia de Jesús personas o grupos de gente en situaciones de sufrimiento, soledad, enfermedad o angustia, esas personas caídas y heridas que pueblan las cunetas de nuestro mundo. Pídele que haga activa en ti su misericordia, que puede estar en ti bloqueada o adormecida. Y recorre todo tu esquema corporal sintiendo cómo esa misericordia desborda de tu corazón y llega a tu boca, a tus pies, a tus manos, a tus ojos, a tu inteligencia.

Contempla a Jesús como el verdadero Samaritano que, conmovido, se ha acercado a nuestra humanidad caída para sanarla, levantarla, regenerarla... Pídele acompañarle en ese camino suyo de aproximación compasiva a cualquier forma de dolor porque en eso precisamente consiste ser humano. Y en eso consiste, precisamente, la felicidad que él promete.

12

La misericordia que pone a salvo

Habla Hanna, una seguidora de Jesús

Cuando la mujer se alejó erguida y con paso firme a través de la explanada del templo, sus pasos resonaron en medio del silencio y todos respiramos, profundamente aliviados después de los momentos de tensión vividos.

Jesús estuvo callado durante el camino hacia Betania donde íbamos a pasar la noche y, al llegar a Getsemaní, dijo que iba a quedarse orando allí y que llegaría más tarde. Mientras cenábamos, Juan estuvo contando a María, Marta y Lázaro lo que había ocurrido cuando trajeron a la mujer acusada de adulterio casi a rastras y la plantaron delante de Jesús:

—Han intentado poner al Maestro en un callejón sin salida: si la perdonaba se ponía por encima de la ley que manda apedrear a las adúlteras, pero por otra parte, también conocían la resistencia de Jesús a la hora de condenar a nadie. Menos mal que él, como siempre, ha encontrado una salida y ¿qué diréis que se le ha ocurrido? ¡Ha invitado a tirar la primera piedra al que se sienta libre de pecado! Por supuesto, ninguno se ha atrevido a hacerlo por miedo a ser acusado por otros, así que se han ido yendo y al final se quedó sola la mujer frente a frente con Jesús que le ha dicho: —Yo tampoco te condeno, vete en paz y no vuelvas a pecar...

A mí me había impresionado tanto la escena que no conseguía conciliar el sueño. Una y otra vez volvía a ver el rostro aterrorizado de aquella mujer encogida y temblorosa que no se atrevía a levantar lo ojos del suelo. Se diría que internamente se sentía ya derribada por las piedras invisibles del juicio condenatorio de quienes la tenían acorralada dentro de un círculo mortal.

También seguía viendo a Jesús, inclinado sobre el suelo, escribiendo en el polvo algo que ninguno conseguimos leer. Le conozco lo suficiente para saber que, por debajo de una apariencia de tranquilidad, estaba pasando por un momento de terrible angustia y de lucha interior.

Pensé que quizá estaban viniendo a su memoria los juicios y descalificaciones de las que él mismo era constantemente objeto: «*Está poseído por el príncipe de los demonios*» (Mc 3,22), «*es un blasfemo*» (Mc 2,1-12), «*está loco*» (Mc 3,21) «*practica la magia*» (Mt 12,24), «*es un comilón y un borracho, amigo de la gentuza*» (Mt 11,19)... O lo que dijeron de él sus vecinos de Nazaret y que una vez nos confesó le había dolido más que cualquier otro insulto: «*No es más que el hijo del carpintero*» (Mt 13,55), intentando encerrarle en una estrecha trampa sin posibilidad de escape.

Ciertamente, tenía motivos para comprender mejor que nadie cómo se sentía la mujer, y por eso se había negado desde el principio de la escena a unirse a los que la condenaban. Pero no era sólo por eso: todos los que andábamos con él le habíamos escuchado muchas veces reprendernos por lo apresurado de nuestros juicios y en una ocasión le oí decir: «*Vosotros juzgáis... pero yo no juzgo a nadie*» (Jn 8,15).

Y era verdad: a su lado se tenía la sensación de estar a salvo, como si él se sintiera encargado de cuidar y defender la vida de cada persona. Por eso, cuando todos sus acusadores se fueron y se quedó a solas frente a la mujer, ella debió sentir sobre sí una mirada que le devolvía la seguridad, le hacía salir de las tinieblas y le conducía hacia lo más próximo de su verdadero ser, a lo más auténtico de sí misma.

«No juzguéis y Dios no os juzgará; no condenéis a nadie y Él no os condenará; perdonad y Él os perdonará...» (Lc 6,36-37), nos había repetido muchas veces. *«Dichosos los que tratan con misericordia a sus hermanos porque la ternura del Padre los sostendrá. Yo no he venido a quebrar la caña cascada, sino a enderezarla, no a apagar el pábilo vacilante, sino a alentarlo para que vuelva a encenderse...»*

Lo había dicho Isaías hablando del Siervo de Yahvé. Y aquella mañana en la explanada del templo, viendo alejarse a una mujer rehecha, supimos que las palabras del profeta acababan de realizarse ante nosotros.

Habla Ana, una discípula de hoy

Casi siempre que me he erigido en juez de alguna persona, los hechos me han demostrado que me equivocaba. Y cuando he intentado cambiar a alguien, he cosechado un rotundo fracaso. En cambio, he podido comprobar muchas veces con asombro, el misterioso poder de transformación que tienen la paciente misericordia, la comprensión y la disculpa.

Me he dado cuenta también de que el apresuramiento de nuestros juicios nace de una necesidad compulsiva de seguridad y de buscarla equivocadamente situándonos por encima de los demás, y trazando desde esa falsa superioridad, las fronteras entre el bien y el mal. Pero la vida, afortunadamente, suele encargarse de desmentir esa postura y las personas se revelan diferentes a la imagen que teníamos de ellas.

Me lo ha confirmado la lectura de un precioso libro de una teóloga francesa, Lyta Basset,[14] en el que, al comentar el pasaje de la mujer acusada de adulterio, dice que todos los personajes que aparecen en la escena están bajo el signo del miedo: la mujer, porque se siente amenazada de muerte; los fariseos y escribas, porque ponían su seguridad en emitir juicios definitivos y les resultaba insoportable admitir cualquier ambivalencia o perplejidad; también Jesús sintió miedo en aquel momento: quizá veía acercarse el momento en que él mismo estaría acorralado y condenado, lo mismo que la mujer. Su gesto de inclinarse sobre la tierra pudo ser una manera de decir que estaba descendiendo al reino del miedo, ese lugar desde donde se emiten los juicios.

Porque desde los tiempos del primer jardín, cuando Adán y Eva se escondieron detrás del árbol, a todos nos acecha la tentación de escondernos y defendernos detrás de esos juicios que cotidianamente emitimos sobre los otros, empeñados como estamos en dictaminar acerca del bien y el mal que encontramos en ellos.

La actitud de Jesús nos revela el camino de vencer el miedo, renunciar al juicio y encontrar la compasión: Juan nos lo presenta entrando en contacto con su yo profundo, habitado por la presencia del Padre, más presente que todos los miedos y encontrando en ese lugar de sombra y silencio su fuerza y su seguridad. Y al ponerse en contacto con las fuentes mismas de la misericordia y buscar en el corazón del Padre ese movimiento que lleva a aumentar la vida para todos, supo abrir ante la mujer una puerta de salida.

Su actitud nos invita a ir al lugar de la gran calma, donde Dios nos reafirma en el sentimiento de ser amados y benditos sin condiciones. Entonces nuestro yo siempre temeroso, se apoya en la Roca sobre la que Jesús fundamentó su vida y sólo desde esa certeza y seguridad podemos atrevernos a no juzgar ni condenar a nadie.

---

[14] *«Moi, je ne juge personne», L'Evangile au delà de la morale,* Paris 1998.

Si quieres profundizar...

La compasión es un don divino, no el resultado de nuestro esfuerzo. No es conquistada, sino recibida, no es una habilidad que podamos conseguir a base de un arduo entrenamiento, es fruto de la gracia de Dios.

Los medios de comunicación nos hacen sentirnos pequeños, impotentes, insignificantes. Nos deja abrumados y paralizados. El sufrimiento humano que llega hasta nosotros de esa manera y en una escala prácticamente inasimilable, evoca con frecuencia fuertes sentimientos negativos. Enfrentados con el dolor humano y conscientes al mismo tiempo de nuestra impotencia, nos replegamos en nuestras defensas de aturdimiento y rabia. Quienes sobresalen por su conocimiento de lo que ocurre en el mundo, no sobresalen necesariamente como personas misericordiosas y compasivas. Podemos ver mucho y conmovernos poco.

En cambio, cuando la información sobre el sufrimiento humano nos llega por medio de una persona a la que podemos abrazar, queda humanizado y nos hace entrar en una comunidad real de personas vivas, con caras reales, lágrimas verdaderas y sonrisas auténticas.

En la comunidad cristiana nos reunimos en nombre de Cristo y de esta forma le experimentamos a él en medio de un mundo sufriente. Allí nuestras mentes viejas y débiles que son incapaces de percibir en toda su plenitud los dolores del mundo, se transforman en mente de Cristo a quien nada humano le es ajeno. En comunidad nuestras vidas se transforman en vidas compasivas, porque por el modo como vivimos y trabajamos juntos, la compasión de Dios se hace presente en medio de un mundo quebrantado. Por nuestra vida compartida nos convertimos en partícipes de la compasión divina y por esa participación podemos asumir el yugo y la carga de Cristo, de dolor humano en todo tiempo y lugar, mientras constatamos que su yugo es suave y su carga ligera.

Mientras confiemos en nuestros propios recursos limitados, el mundo nos asustará e intentaremos evitar las situaciones dolorosas. Pero una vez que nos hemos convertido en partícipes de la compasión divina, podemos entrar a fondo en los más recónditos lugares del mundo y hacer lo mismo que Cristo ¡e incluso más que él! (Jn 14,12). Dondequiera que se forma una comunidad verdaderamente cristiana se da la compasión en el mundo.

Pero si no llegamos a amar a las personas con las que convivimos, no será creíble el amor que decimos sentir por los lejanos.[15]

➔ Si haces oración...

La narración de la mujer perdonada que ungió a Jesús en casa de Simón el fariseo (Lc 7, 36-50) nos hace ver cómo la misericordia recibida desencadena un movimiento imparable de generosidad y agradecimiento.

Mira la escena como si estuvieras presente en ella. Contempla la sala del banquete, y a los tres personajes centrales: el fariseo, Jesús y la mujer. Fíjate en sus acciones: es la mujer quien aparece como el sujeto de la mayor parte de ellas.

Escucha las palabras que Jesús dirige al fariseo y las que dirige a la mujer; también las palabras no pronunciadas: los juicios del fariseo, los gestos silenciosos pero expresivos de la mujer.

Huele el olor del perfume inundando la casa, siente a qué saben estas palabras: *«se le ha perdonado mucho», «muestra mucho amor», «tu fe te ha salvado», «vete en paz»...*

Observa el contraste entre el fariseo y la mujer, entre las apariencias y la realidad: él a los ojos de todos representa la Ley, la justicia, la pureza, la suficiencia, el autocontrol, el mérito, la au-

---

[15] Tomado de H. Nouwen, *La compasión en la vida cotidiana,* Buenos Aires 1996.

sencia de pecado. Está seguro en su propia casa, no se siente en deuda con nadie y por eso se cree capacitado para juzgar a otros: emite un juicio severo contra Jesús, descalificándole como profeta, y contra la mujer a la que desprecia y sentencia como «pecadora».

La mujer aparece en relación con la ciudad, una manera de señalarla como prostituta conocida por todos. Viene de *fuera,* es una transgresora de la Ley y de las costumbres de la hospitalidad ya que irrumpe en el banquete sin ser invitada; sus gestos resultan inadecuados y ambiguos ya que el sólo contacto de sus manos envilece a quien toca.

Jesús interpreta las cosas de otra manera y desvela lo que esconden las apariencias: al fariseo la Ley le ha resecado el corazón, se engaña en sus juicios y está incapacitado para la hospitalidad; se creía por encima del perdón y su ausencia de amor se convierte en el peor pecado. Debe mirar a la mujer y aprender de sus aptitudes de relación, es ella quien puede iniciarle en la verdadera hospitalidad. Aquella a quien miraba *por encima,* es ahora su **modelo** y su **maestra**: y en comparación con ella que está bajo el signo del *más* y del *mucho,* todo lo de él es *poco* y *menos.*

La mujer posee el secreto de la circularidad del amor: ha recibido el de Jesús y lo vuelve sobre él, es quien sabe acoger y agradecer y conoce lo que hace heredar la vida eterna: *«Amarás al Señor con todo tu corazón...»* (Lc 10,27). Posee la verdadera sabiduría porque a través de Jesús ha conocido el corazón misericordioso de Dios. Su *don* expresado en lágrimas, besos, caricias y perfume son su respuesta al *perdón* recibido. Una excluida que al principio estaba *fuera, detrás* y *abajo,* está para Jesús *arriba* y se convierte en punto de referencia y en modelo de fe; ha arrebatado al que se creía intachable el puesto de anfitrión. Cuando se marcha, lo hace perdonada, salvada y escoltada por la paz.

Haz memoria del perdón que has recibido tantas veces y alégrate de estar en deuda con el Señor y por lo tanto en disposición de amar mucho. La misericordia recibida puede hacer de ti alguien de quien Jesús diga: *«Dichosos los misericordiosos...»*. Siente tu existencia como un frasco lleno de perfume: tus cualidades y dones, tu tiempo, tus recursos... Está en tu mano retenerlo y escatimarlo o entregarlo y derramarlo. Y hoy es en los otros donde puedes realizar tus gestos de ternura, acogida y derroche.

Imagina que Jesús te llama por tu nombre: «Tengo algo que decirte». Lo que pone ante ti es la posibilidad de vivir una vida regida por la «lógica de la ley y el cálculo» (el plano de la medida, la severidad, lo razonable...), o por la «lógica del don y la gratuidad» (es decir, el agradecimiento, el amor creativo, la esplendidez...).

Pídele a él, el «Señor de la desmesura», que te ponga «del lado de la mujer» que es también el suyo, que cure los «ramalazos fariseos» que pueden esconderse en tu corazón, que te enseñe a mirar a las personas como él, que te inspire los gestos del agradecimiento, de la misericordia y del «mucho amor».

13

El arte de hacer posible la paz

Habla Hanna, una seguidora de Jesús

La declaración de Jesús proclamando dichosos a los que construyan la paz, provocó división en el grupo de los que le seguíamos. Los que se sentían más próximos al movimiento zelota y simpatizaban en el fondo con el recurso a la violencia, manifestaron su resistencia. Los demás, en cambio, nos adherimos con entusiasmo a su declaración y nos pareció que estaba claro lo que quería decir: eran palabras que abrían ante nosotros un horizonte sereno de reconciliación y relaciones pacíficas. Alguien recordó las palabras del profeta Isaías:

> *«El lobo habitará con el cordero,*
> *el leopardo se acostará junto al cabrito,*
> *ternero y leoncillo pastarán juntos,*
> *un chiquillo los pastoreará.*
> *La vaca y el oso pastarán en compañía,*
> *juntos reposarán sus cachorros*
> *y el león, como el buey, comerá hierba. (...)*
> *No harán ya mal ni causarán daño*
> *en todo mi monte santo...»* (Is 11,6-9).

El sueño del Profeta nos pareció seductor y por eso nos quedamos perplejos cuando pocos días después escuchamos decir esto al siempre sorprendente Jesús:

—*¿Pensáis que vine a traer paz a la tierra? No paz, os lo aseguro, sino división. En adelante, habrá en una familia cinco divididos: tres contra dos, dos contra tres. Se opondrán padre a hijo e hijo a padre, madre a hija e hija a madre, suegra a nuera y nuera a suegra...* (Lc 12, 52-53).

Lo mismo que otras veces en las que Jesús decía cosas que parecían contradictorias, yo decidí no entrar en la discusión que suscitaron de nuevo unas palabras que parecían echar por tierra la tarea de construir la paz. En lugar de ello, tomé la postura de ponerme a observarle, a fijarme en sus gestos y actitudes, por ver si conseguía entender qué significaba para él concretamente aquella paz que había que construir.

Me di cuenta de que, al aproximarse a la gente, era como si abriera ante ellos un espacio luminoso y cálido, como cuando una madre prepara la mesa e invita a sus hijos a sentarse en torno a ella. Y fuera se quedaban las tensiones, la ansiedad, las preocupaciones, la lucha por la vida, como cuando antes de reclinarse a la mesa el huésped se despoja de sus sandalias llenas de barro. En su presencia ya no era necesario demostrar nada ni aportar nada. Dejaban de importar buena o mala fama, honra o prestigio, méritos o dignidades. Carecía de interés si eras justo o pecador, judío de pura cepa o proveniente de la gentilidad, mujer o varón, puro o impuro. Jesús creaba en torno a cada persona una esfera de dignidad y de reconocimiento, de afecto y aprecio sinceros, quizá porque era capaz de contemplar a las personas más allá de su apariencia y de conectar con el rincón de pureza y de niñez que se escondía debajo de las vidas más endurecidas.

Llegué a la conclusión de que era ahí donde se escondía el secreto de la paz de la que él hablaba, y que cada uno de nosotros estábamos llamados a construir unos con otros un tipo de relación así. Por mí misma había experimentado que mi propia vida, colmada antes de infelicidad y desamparo, había encontrado junto a él sosiego, peso y gravitación.

Pero poco a poco fui entendiendo también por qué se consideraba a sí mismo causante de divisiones y cuál era la falsa paz que se encargaba de quebrar. Nunca dejaba a nadie exactamente donde estaba, no consentía que nadie permaneciera en el mismo punto que antes de su encuentro con él. Su llamada exigía pronunciarse en su favor o en su contra y, a partir de ese momento, todo se removía para los que lo aceptaban, todo cambiaba de lugar y de orientación. Los dineros de Zaqueo cambiaban de poseedor e iban a parar a los pobres, la barca y las redes de Pedro, Juan, Santiago y Andrés se quedaban atrás, Leví abandonaba la mesa de las transacciones y se sentaba al banquete de la gratuidad, el modo de vida de María en Magdala se convertía para ella en un pasado del que había salido sin posibilidad de retorno.

No, no era precisamente una existencia plácida y reposada la que llevábamos a su lado. Pero ninguno de nosotros la hubiera cambiado por nada en el mundo.

Habla Ana, una discípula de hoy

Cuando oigo decir de alguien: «¡Qué persona tan pacífica!», un duendecillo impertinente que hay en mí se pone a hacer preguntas incómodas del tipo: «A ver si resulta que es tonta...» o «A lo mejor es la típica bonachona a la que le da todo igual...». Y es que la excesiva dulzura me huele a blandura y falta de energía.

También le tengo cierto miedo a esas declaraciones tipo: «A mí la fe en Dios me da mucha paz...». Es verdad que la asociación *fe* con *paz* es legítima, pero pienso que encierra el peligro de convertirse en un refugio para nuestros problemas, en un recurso relajante al que acudimos para huir del estrés, como podría serlo el *jacuzzi*, la sauna o una sesión de masaje. Y me entra miedo de que convirtamos la vida cristiana en un elemento más de consumo en plan «usar y tirar» al que acudimos para sentirnos bien y equilibrar nuestras neuras.

Es la misma sospecha que me asalta cuando oigo hablar tanto de la «búsqueda de paz» (no en el mundo, sino en uno mismo...): es verdad que el Evangelio nos convoca a ella, pero es Jesús quien la concede, no es nunca el resultado de una búsqueda obsesiva de alguien que la conquista con su esfuerzo.

Menos mal que algunas de mis perplejidades en torno a la paz se han aclarado un poco por tres vías:

— Una, el verla no como un bienestar individual a conquistar, sino como una situación de convivencia armónica y respetuosa, en la que cada persona como individuo y los grupos como tales pueden ejercitar sus derechos, manifestar sus preferencias y opiniones y disfrutar de sus libertades sin que ninguna diferencia circunstancial se anteponga a la igualdad fundamental de los seres humanos, y en la que los conflictos se resuelven de forma no violenta.

— Otra, caer en la cuenta de que la paz, más que un hecho, es un proceso que tiene en la justicia y el respeto (es decir, reconocer el derecho del otro a existir como tal) sus pilares. Como decía Ghandi: «No existe un camino hacia la paz. La paz es el camino. Los fines están en los medios como el árbol en la semilla».

— Finalmente, gracias a una mejor traducción de una de las Bienaventuranzas: porque antes, cuando escuchaba lo de «*Bienaventurados los pacíficos*», me parecía que se quedaban fuera las personas de carácter fuerte, los luchadores natos, los inconformistas y la gente inquieta. Pero desde que se traduce como: «*Bienaventurados los que trabajan por la paz*» o «*que construyen la paz*», he empezado a aficionarme a ella. Entre otras cosas, porque me vienen a la memoria muchos nombres y rostros de gente concreta que es una espléndida constructora de paz. Os invito a que hagáis vosotros vuestra propia lista...

Si quieres profundizar...

La paz no es un don que disfrutar en nuestro interior o en los reducidos grupitos de los que nos sentimos afines. La paz es una realidad social que construir entre todos porque somos hijos de Dios y para que lleguemos a ser hijos de Dios. Y esa construcción comienza por el corazón de cada uno. Porque en el corazón se genera la violencia, de él proceden el orgullo y la prepotencia que la engendran. Pasa por nuestra mente que tiende a absolutizar su propia visión de las cosas y a imponerlas a toda costa a los demás. Pasa también por nuestros sentimientos y siembra en ellos la ternura, la concordia, la compasión, la misericordia; y llega a nuestra voluntad, para superar el egoísmo, la avidez y el deseo de poseer que nos lleva a arrebatar a otros lo necesario y a disputarnos por unos bienes suficientes para todos si ninguno se dedica a acaparar para derrochar.

La construcción de la paz a la que nos invita Tu palabra no se agota en el interior de nosotros mismos. Pasa por la Iglesia, la comunidad en la que Te reconocemos, de la que recibimos la fe, en la que Te alabamos. Y no podemos escuchar en ella: *«Bienaventurados los pacíficos»* mientras sigamos divididos los que creemos en un mismo Señor Jesucristo y hemos recibido un mismo bautismo y tenemos una misma esperanza. (...) La construcción de la paz pasa también por el difícil terreno de las relaciones sociales. El clamor por la paz es vano, es piadoso deseo cuando no va precedido del clamor por la justicia. Y ésta es hipócrita cuando no va acompañada de la lucha efectiva contra todas las formas de injusticia. *La obra de la justicia es la paz.* Hoy hemos descubierto algo más: la paz es obra de la solidaridad. Sólo cuando pongamos en pie estructuras en las que se exprese la condición de iguales, de hermanos, de todos los hombres; sólo cuando reine entre todos la solidaridad propia de una familia de hermanos, se podrá hacer realidad la paz que deseamos. (...)

También con la naturaleza tenemos que reconciliarnos para que reine la paz sobre la *tierra.* Y para eso es indispensable abandonar la actitud de dominio y de explotación con que nos relacionamos con ella y aprender de nuevo a mirarla con ojos contemplativos que saben descubrir su belleza, comulgar con sus energías y desarrollar sus posibilidades.

Pero, al final, más allá de todos nuestros deseos, más allá de todos nuestros propósitos, nos vemos en la necesidad de volvernos hacia Ti y clamarte una vez más unánimes con toda la Iglesia, con todos los hombres de buena voluntad: Cordero de Dios que quitas el pecado del mundo, danos la paz.[16]

Si haces oración...

El sentido de *saciedad,* de *tener suficiente* evoca un estado de reconciliación profunda en los niveles más básicos de la persona, precisamente en la raíz donde se generan los conflictos. Y es que éstos, en cualquiera de sus manifestaciones, esconden debajo una trama de ambiciones y pretensiones de grandeza que anidan en el corazón humano. La ansiedad por sobresalir, el deseo de acumular, la necesidad compulsiva de dominar y poseer, llevan en sí un germen maléfico que está amenazando siempre con romper la fraternidad. No existe situación alguna de injusticia, conflicto o guerra que no esconda en su trama una ambición y una codicia que nada parece saciar.

La lectura reposada de tres salmos (23, 126, 130) puede ayudarnos a hacer nuestra la experiencia de tres orantes que han encontrado el secreto de la paz:

---

[16] J. Martín Velasco, «Oración por la paz en tiempo de guerra», en *Cuadernos de Oración* 85, pp. 4-10.

— El del Salmo 23 se sabe guiado y acompañado por la mano firme y protectora del pastor y proclama con tranquila audacia su ausencia de ambiciones: «nada me falta». Tiene todo lo que necesita: conducción, seguridad, alimento, defensa, escolta, techo donde habitar...

— El del Salmo 130 se define a sí mismo como un niño que acaba de mamar y descansa satisfecho sobre el hombro de su madre. Si su deseo ha desaparecido, es porque el alimento que ha recibido le ha saciado de tal manera, que ha acallado su necesidad.

— El del Salmo 126 confiesa que ha dejado de preocuparse por sus propios resultados y se ha abierto a la contemplación asombrada de lo que Dios es capaz de hacer si uno le deja.

Podemos repetir algunas de sus expresiones: «Nada me falta, mi copa rebosa...»; «Guardo lisa y silenciosa mi alma como un niño en brazos de su madre...»; «Tú, Señor, me colmas de tus dones mientras duermo...».

De esa experiencia nace el dinamismo fecundo que sigue a la conciencia de agradecimiento. Y allí donde un hombre o una mujer ha hecho esa experiencia, a su alrededor florece la paz.

14

Un Dios de parte de los perseguidos

Habla Hanna, una seguidora de Jesús

Era día de mercado en Séforis y tardamos en atravesar la ciudad llena de mercaderes con sus mercancías expuestas sobre mesas o extendidas en el suelo. Susana y yo nos quedamos rezagadas hablando con un niño, hijo de una mujer que las dos conocíamos y que vendía pájaros, seguramente cogidos por él en la huerta de su casa. No le quedaban más que un par de gorriones dentro de una jaulilla rudimentaria y nos los dio por dos cuartos porque quería marcharse a jugar con los demás niños.

Cuando nos reunimos con el grupo, nos dimos cuenta de que en nuestra ausencia algo debía haber pasado porque estaban sentados en torno a Jesús que hablaba con un tono grave:

—Claro que sé que os envío como ovejas en medio de lobos y que vais a tener que ser prudentes como las serpientes y sencillos como las palomas. Os lo digo desde ahora por si alguno quiere marcharse: os entregarán a los tribunales, os azotarán en sus sinagogas y por mi causa seréis llevados ante gobernadores y reyes. Y os rechazarán sólo por ser discípulos míos... (cf. Mt 10,17ss.).

Cuando terminó de hacernos estas sobrecogedoras advertencias, nos sentimos envueltos en una nube densa de oscuros presagios. Todos éramos conscientes de que las cosas en torno al Maestro empeoraban día a día y de que el cerco de acusaciones y persecución se iba estrechando cada vez más. A muchos de nosotros nos parecía que él arriesgaba demasiado y que a veces sus palabras y sus gestos iban más allá de los límites de lo que recomendaría una elemental prudencia. Pero desde el día en que Pedro le cogió aparte para recriminarle y salió tan mal parado, ninguno de nosotros se atrevía a intentarlo.

Jesús debió notar nuestra pesadumbre porque volvió a tomar la palabra:

—¿Os preocupa que os anuncie fracasos y persecuciones? ¿Qué pensabais, que el discípulo iba a estar por encima de su maestro? ¿No recordáis cuántas veces os he dicho que el que tome la decisión de seguirme tiene que dejar atrás el miedo? Por eso, si algún día os encontráis ante los tribunales, no os preocupéis por lo que vais a decir, que eso lo sabréis en aquel momento. Porque no seréis vosotros los que hablaréis entonces, sino el Espíritu de vuestro Padre el que hablará en vosotros. Os digo de verdad: no temáis a los que matan el cuerpo, pero no pueden matar el alma... Fiaos de vuestro Padre: es él quien os cuida y tiene contados hasta los cabellos de vuestra cabeza...

No debíamos estar muy convencidos porque a la hora de la comida casi nadie habló y sólo Jesús se mostraba animado. Cogió la jaula de los gorriones que estaban asustados y agitaban sus alas y estuvo mirándolos un buen rato. De pronto dijo:

—Así os veo a vosotros, tan temerosos y llenos de ansiedad como estos pajarillos. Miradlos bien, parecen pequeños y sin valor y Susana y Hanna los han comprado por dos cuartos. Pero os puedo asegurar que vuestro padre se cuida de ellos y ni uno de ellos caerá en tierra sin su consentimiento. No temáis, que vosotros valéis para Él infinitamente más que los gorriones.

Separó los barrotes de la jaulilla y tomó los pájaros en la palma de su mano, la levantó con fuerza para darles impulso y ellos se echaron a volar. Y en la oración de aquella tarde resonaron en nosotros de diferente manera las palabras del Salmo:

Bendito el Señor que no nos entregó
como presa a nuestros enemigos.
Salvamos la vida como un pájaro
de la red del cazador:
la trampa se rompió
y nosotros escapamos.
Nuestro auxilio es el nombre del Señor
que hizo el cielo y la tierra (Sal 124,6-8).

Habla Ana, una discípula de hoy

Cuando leo los capítulos evangélicos anteriores a la Pasión, se me hace evidente que Jesús era consciente de la amenaza que pesaba sobre él y que por eso, siendo fiel a la recomendación que él mismo había hecho a sus discípulos, se comportó «con la prudencia de la serpiente» (Mt 10,16). Debió ser por eso por lo que, después del incidente del templo, se escabulló y fue a ocultarse (Jn 8,59; 10,39; 12,36); ya no se movía abiertamente y se vio obligado a abandonar Jerusalén y Judea (Jn 7, 1; 11,8). Pero como tampoco debía sentirse seguro en Galilea por el odio de Herodes, tuvo que deambular con sus discípulos de un lado para otro, como fugitivo y exiliado fuera de su propia región. Vivió en su propia experiencia la situación de tantos refugiados de hoy por guerras o persecuciones, de los amenazados por regímenes totalitarios, de los perseguidos por causa de sus opciones políticas o religiosas.

Pienso que el primer sentimiento que provoca la persecución y el acoso de los enemigos es eso que los evangelistas nos revelan como poseyendo a Jesús en el huerto de Getsemaní: «*Comenzó a sentir miedo y angustia*» (Mc 14,33). Pero lo extraño es que, cuando acaba su oración, los motivos que le hacían sentir miedo no habían cambiado: de hecho, ya llegaban los que iban a detenerlo; el que había cambiado había sido él y su confianza en el Padre lo había liberado del miedo. Por eso estaba de pie, capaz de afrontar serenamente la situación que antes le causaba tanta ansiedad. Y pienso entonces que es a eso a lo que se refiere la Bienaventuranza de los perseguidos cuando afirma que esos *«tienen a Dios por Rey»*.

Me he preguntado más de una vez qué puede significar eso, porque ya he confesado en otras ocasiones que la monarquía no despierta en mí demasiado entusiasmo, ni tampoco lo de pensar en Dios a partir de esa imagen. He leído cosas que me aclaran un poco: «Si la imagen de *padre* pone de manifiesto la misericordia de Dios, la de *rey* insiste en su justicia. Un buen rey, lo primero que ha de intentar con su reinado es superar las escandalosas desigualdades entre sus súbditos, la injusta marginación de los indefensos, la dignificación social de los pobres y oprimidos. Cuando Jesús habla de *reino* no está hablando de un lugar, sino de una *acción de Dios* que trae consigo una nueva situación: el estado de cosas que se instaura cuando Dios se decide a dirigir, de manera nueva e inédita, la historia humana».[17]

Pienso entonces que esa acción de Dios a favor de aquellos que son injustamente perseguidos consiste ante todo en liberarlos del miedo, en la misma línea de lo que decía Jesús: *«No tengáis miedo a los que matan el cuerpo y no pueden matar el alma...»* (Mt 10,28). Se trata de una seguridad absoluta en el Padre y en su cuidado, de una confianza por encima de todo temor en que ocurra lo que ocurra, estamos a salvo entre sus manos.

Y si es a eso a lo que se le llama *«tener a Dios por Rey»*, el testimonio de tanta gente que afronta la persecución con valor y llega hasta entregar la vida, me sirve para comenzar a entenderlo y sobre todo para bendecir a Dios que es capaz de obrar

[17] R. Lázaro, *Bienaventuranzas*, Madrid 1992, pp. 19-20.

en nuestros corazones tan asustadizos el milagro descomunal de liberarnos del miedo.

Si quieres profundizar...

Toda la Biblia, desde Agar y su hijo gritando en el desierto (Gén 21,16), está plagada de voces de perseguidos y atribulados que piden auxilio, de llantos, de desesperación, de quejas que exigen explicación y consuelo. Algunos protagonistas de estas historias (los menos) encajan silenciosamente la embestida del dolor, pero otros muchos exigen a Dios un cara a cara, una respuesta que dé cuenta de su sufrimiento o su fracaso. «El lenguaje de la oración es más audaz que el *logos* de la teología. El lenguaje de las oraciones conoce el increíble ancho de banda de los enigmas de la existencia humana y su cuestionabilidad de cara a Dios. El lenguaje de la plegaria, visto en su totalidad y no limitado solamente a las oraciones que se recitan, es por lo general mucho más dramático y más rebelde que el lenguaje nivelador y sopesado de la teología que habla sobre Dios.

Ese lenguaje de la plegaria es mucho más radical, mucho más capaz de resistir, es un lenguaje que rechaza de plano la adaptación; no busca el consenso ni la aprobación de los hombres, y muchas veces acaba en un puro clamor, o también en un mudo suspiro de la criatura. Ese lenguaje no conoce barreras. A Dios, al fin y al cabo, puede decírsele todo, incluso que no se es capaz de creer en él: sólo hay que intentar decírselo.»[18]

«Somos seres que no pueden dejar nunca de preguntar, de llamar a la puerta. Hay que saber escuchar en el grito contra Dios el rechazo del mal, aun a riesgo de blasfemia. Hay que hacer pasar la pregunta por Dios, depositarla en Dios, ese es el gesto específicamente creyente. El tema del Cordero de Dios que lleva sobre él el mal del mundo y el descenso de Cristo a

---

[18] J. B. Metz y E. Wiesel, *Esperar a pesar de todo,* Madrid 1996, p. 58.

los infiernos nos recuerdan que Dios lo ha asumido en sí mismo. Dios-en-sí-mismo se escapa a la cuestión del mal, pero al hacerse Dios-para-nosotros, hace suya la causa, toma sobre él las preguntas y, a partir de ahí, nos está permitido depositarlas en él. Sólo este gesto va al fondo del problema y el hombre sabe que puede implicar a Dios en su pregunta.

Hay tres testigos mayores de la pregunta a Dios: Jacob (combatir con Dios), Job (enfrentarse con Dios) y Jesús (quejarse a Dios pero llamándole Abba). De ellos aprendemos:

—A pasar del *él* al *tú*, de la discusión de monólogo interior y mortífero (yo discuto sobre Dios), a la discusión del diálogo (hablo de ello a Dios). Hablar es creer en una presencia y en la posibilidad de respuesta.

Lejos de los discursos de justificación (permisión, castigo, armonía del conjunto...), lo que la Escritura nos dice es que el mal es aquello ante lo que no cabe otra postura que la oposición. Y que ese combate es el combate de Dios. Es mi combate el que Dios lleva y es el combate de Dios el que yo llevo. Confundidos en una misma adversidad y la misma lucha contra un enemigo común.

La oración es una súplica de llevar juntos el mal. El Dios de Abraham y de Jesús es el que se asombra del mal, al que se le conmueven las entrañas, no es el inmóvil, es el que toma partido por las víctimas haciéndose él mismo víctima.»[19]

Si haces oración...

Puedes hacerlo llevando en el corazón a todos los que padecen persecución con este «grito a Dios por su pueblo» de José M.ª Fernández Martos:[20]

---

[19] A. Gesché, «L'affrontement du mal. Un combat avec Dieu»: *Christus* 168 Oct. 1995, p. 411.

[20] *Cuadernos de oración* 111,1993, pp. 22-25.

Hoy quisiera pedirte, Señor, que aumentes el número de los que te gritan incansables por tu pueblo. Yo sé que el grito de tu pueblo esclavo puso en marcha su éxodo liberador (Éx 2,23) y que Moisés mezclándose en el «*¿por qué maltratas a tu compañero?* (Éx 2,13) de las cosas del pueblo, fue tu respuesta. Sé que Isaías, «el que iría por ti» (Is 6,8) fue enviado cuando viste «*la tierra en espesas tinieblas y que nubarrones oscurecen la luz*» (Is 5,30) y que tu Hijo llamó a los Doce a «*curar todo achaque y enfermedad*» (Mt 10,1), después de oír los gemidos de los maltrechos y derrengados.

Estoy convencido, Señor, de que a tu pueblo le faltan «gritadores de tu justicia». Si muchos nos aburrimos, eso sí, con estoica fidelidad, en nuestros rezos es porque llevamos vidas aburridas y sin pulso. Si no gritamos, Señor, ¿no será porque a nosotros los piadosos no nos alcanza ningún ramalazo de la opresión y sufrimiento de tu pueblo? ¿No nos lo dijiste ya, cuando, hastiado, cortabas en seco «*el barullo de nuestros cantos y la música de nuestras cítaras*» para pedirnos que «*fluyera como torrente el derecho y la justicia como arroyo perenne?* (Am 5,23-24)

Gritamos poco porque no nos consume el celo por los «*muchos que olvidan tus palabras*» (Sal 119,139). Gritamos poco porque tu justicia no nos arde en el pecho. ¿Cómo podemos orarte, Dios, y no luchar tus luchas en los callejones del dolor de tus hijos? ¿No prefieres que «*defienda el derecho y ame la lealtad*»*?* Antes que ofrecerte *«miles de carneros y diez mil arroyos de aceite»?* (Miq 6,7-8). Señor, yo a veces me pregunto ¿Por qué los mismos que te rezan y dan cursillos de oración no tienen ganas de asistir a manifestaciones en las que se grita por los derechos de los inmigrantes o se hace propaganda de los derechos humanos? ¿No viniste acaso *«a liberar a tu pueblo»?* (Lc 1,68).

Señor, «*que nos alcance tu compasión y viviremos*» (Sal 119,77). Que tu compasión por el dolor de tu pueblo sea la nuestra. Que en realidad «*compartamos el dolor de los encar-*

celados» (Heb 10,34). Que se nos cuele en las entrañas y nos pongamos a la obra de hacer habitable este mundo «*haciendo justicia a pobres e indigentes, porque eso sí que es conocerte»* (Jer 22,16).

¿Por qué, Señor, los que decimos creer en ti somos, para tantos, tan poco creíbles? Deja, Señor, que «*la vida de Jesús se transparente en nuestro cuerpo»* (2 Cor 3,18). Todo esto, Señor, hazlo en nosotros por amor a tu pueblo, para que así «*los paganos sepan que Tú eres el Señor, cuando les muestres tu santidad en los que decimos ser tuyos»* (Ez 36,23).

Anda, Señor, anímate; cosas más difíciles has hecho.

15

Compartir los deseos de Dios

Habla Hanna, una seguidora de Jesús

El rumor se había propagado como los destellos del sol en el agua por entre los juncos de un cañaveral: ¡El Maestro estaba vivo!

—Nos ha salido al encuentro cuando íbamos al sepulcro a ungir su cadáver, decíamos nosotras. Nos abrazamos a sus pies y los perfumes que llevábamos en las manos se quedaron, ya inútiles, en la ribera del camino.

—Ha entrado inesperadamente en la sala donde llorábamos su ausencia y encerrábamos nuestro miedo, decían los Once. Se ha puesto en medio y nos ha inundado con su paz...

—¡Le hemos reconocido al partir el pan!, contaban sin aliento los dos de Emaús. ¡Cómo no nos dimos cuenta de que era él cuando nuestro corazón ardía al escucharle explicarnos las Escrituras!

—¡He visto al Señor!, decía María Magdalena. Me ha llamado por mi nombre y me envía a anunciaros: «*Subo a mi Padre y vuestro Padre, a mi Dios y vuestro Dios...*».

Ninguno de nosotros sabía bien qué hacer o decir, estábamos fuera de nosotros por el gozo y alguien recordó las palabras del Salmo:

> *Cuando el Señor cambió la suerte de Sión*
> *nos parecía soñar.*
> *La boca se nos llenaba de risas,*
> *la lengua de cantares...* (Sal 126,1-2).

Pedro nos daría después un nombre nuevo al hablar de aquellos 40 días, cuando el Señor Resucitado nos dio tantas pruebas de que estaba vivo: éramos «*los que comimos y bebimos con él después de su resurrección*» (Hch 10,41). Y yo recordé aquellas palabras de Jesús que, al oírlas por primera vez, me resultaron incomprensibles: «*Dichosos los que tienen hambre y sed de justicia porque serán saciados*».

En los días en que nos fue arrebatado y le creímos muerto, comprendimos el significado de aquellas palabras suyas tan enigmáticas: «*¿Pueden ayunar los amigos del novio mientras el novio está con ellos? Mientras tienen al novio con ellos no pueden ayunar. Llegará un día en que les arrebaten al novio y aquel día ayunarán*» (Mc 2,19-20). Ahora sabíamos lo que era estar privados de él y por eso nos saciábamos del pan de su presencia y nos embriagábamos con el vino de su alegría.

Pero era una extraña saciedad la nuestra: el Resucitado había conseguido que en aquel pequeño grupo de hombres y mujeres débiles y temerosos, creciera el deseo apasionado e insaciable de hacer llegar a todos el anuncio de su triunfo sobre la muerte. Las que habíamos contemplado su crucifixión no podríamos olvidar jamás su queja tan desvalida: *Tengo sed...*, ni tampoco lo que aprendimos de él acerca de la «justicia» que desbordaba los estrechos márgenes del cumplimiento de una ley: Jesús llamaba «justicia» a tener hambre del Padre cada día, a desear realizar en cada momento lo que Él deseaba, a «ajustarse» filialmente a lo que le iba pidiendo cada día...

Ahora nos dejaba como tarea abrir caminos a la justicia de su Reino y éramos conscientes de que esa hambre y esa sed ya no iban a abandonarnos nunca.

Habla Ana, una discípula de hoy

Cuando leía la aparición de Jesús a los discípulos encerrados en el cenáculo, me llamaba la atención que, después de soplar sobre ellos, los enviase a perdonar pecados... (Jn 20,23). A lo mejor es porque inconscientemente esperaría una frase más «sublime», algo así como «Id a instaurar mi Reino», «Marchad a anunciar que he vencido a la muerte», o cosas semejantes. Y pensaba: ¿no resulta una insistencia excesiva el repetir una vez más lo del perdón de los pecados que ya aparece tantas veces en el Evangelio?

En esta Pascua, he descubierto algo que me ha iluminado sobre ello: en el momento de la crucifixión, el centurión que presenció la muerte de Jesús dijo: «*Verdaderamente este hombre era justo*» (Lc 23,47) y Pedro dice en su discurso de Pentecostés: «*Vosotros negasteis al Justo*» (Hch 3,14). Ese calificativo dado a quien había dicho: «*Dichosos los que tienen hambre y sed de justicia*», nos pone en la pista del tipo de justicia de que se trata y que es muy diferente de la nuestra. Para nosotros, restablecer la justicia consiste en que cada cual pague por lo que ha hecho, pero lo que Dios revela en la resurrección de su Hijo es que su justicia no se limita a perdonar nuestros pecados y hacerlo de una manera sobreabundante, sino que el derroche de su amor nos da participación en su vida y en su manera de ser. Y vivir así es precisamente lo que nos sacia de alegría.

Ser enviado, como los discípulos a «perdonar pecados» quiere decir, por lo tanto, tratar de vivir de una manera nueva en medio del mundo, haciendo presente a nuestro alrededor un amor parecido al que se ha manifestado en la muerte y resurrección de Jesús: un amor que no lleva la cuenta de los agravios recibidos, sino que los sobrepasa a fuerza de generosidad e indulgencia; un amor paciente y servicial; un amor que todo lo comprende, lo espera y lo soporta. Ese talante de magnanimidad y esplendidez es «justamente» lo que nos hace parecidos a Dios, es esa la «justicia» a la que estamos llamados y de la que tenemos hambre y sed.

Y como le es bien conocida nuestra incapacidad para conseguirla, es su Aliento mismo el que se nos entrega para ayudarnos a vivirla.

Si quieres profundizar...

La práctica de la justicia, nunca abstracta, se traduce en el socorro concreto, por parte de Dios y de los hombres, de los más débiles: *«Dios hace justicia a los oprimidos, da pan a los hambrientos»* (Sal 146,7).

Si la justicia se realiza en el don del pan a los hambrientos, su ausencia se manifiesta en la avidez de quien, para su propio provecho, hace pasar hambre a otros. Por eso, en la Bienaventuranza paralela de Lucas, el evangelista denuncia los efectos de una injusticia que produce hambrientos: *«Dichosos los que ahora pasáis hambre, porque seréis saciados»* (Lc 6,21); la expresión «hambrientos de la justicia» va directamente a las causas de la situación que provoca hambrientos y sedientos, identificándolas con la codicia de cuantos sirven al dinero.

Con la elección del verbo «saciar» en lugar de «alimentar», el evangelista quiere subrayar que hambrientos y sedientos serán abundantemente saciados por Dios y que Él satisfará plenamente su exigencia de justicia: «Dichoso quien siembra semilla de justicia, porque recogerá siete veces más», afirma un texto judío del tiempo de Jesús.

En la nueva realidad del Reino, la situación de sufrimiento para cuantos han hecho de la justicia una cuestión de vida o muerte, tendrá fin. El uso del verbo «saciar», utilizado únicamente por Mateo para el episodio del reparto de los cinco panes y los dos peces, indica que solamente alimentando a los hambrientos se puede saciar la propia hambre y sed de justicia.[21]

Si haces oración...

Dedica un tiempo a conectar con tu propia respiración. A partir de ella, Dios te espera en la profundidad de ti mismo. Él se ha encarnado para hacernos vivir su vida y tú puedes sentirte el último fruto de esa corriente que, saliendo de Dios, se extiende a millones de seres humanos. Este río de vida que viene de Dios es tu vínculo con Él y si te entregas a ese movimiento a contracorriente, puedes remontar el río de la vida y retornar al que es el Origen de todas las cosas. Trata de ser todo atención a la vida que hay en ti, a ese brotar que te hace poseer ya en la corriente, el frescor de la fuente.

Deja resonar en tu interior las palabras de Jesús Resucitado que sopla sobre ti y te dice: *«Recibe mi Aliento»*. Siente que es su vida misma la que fluye en ti, la que te hace vivir y respirar.

Imagina tu vida como un ir «dando aliento» a otros, pide al Señor con toda tu alma que ese sea tu deseo dominante, deja espacio en tu corazón al hambre y a la sed de justicia, esa pasión que habitaba la interioridad de Jesús y déjate contagiar por esa «respiración» suya que le hacía buscar por encima de todo al Padre y la justicia de su Reino.

[21] A. Maggi, *Las Bienaventuranzas*, Córdoba 2001, pp. 101-102.

16

Dichosos los que escuchan

Habla Hanna, una seguidora de Jesús

La polémica había sido fuerte: el Maestro acababa de expulsar a un mal espíritu de un hombre y todos estábamos admirados. Pero la reacción de los que siempre andaban acechándole no se hizo esperar y les oímos decir a media voz para que todos lo oyeran:

—Si expulsa los demonios es porque a él mismo es el mismísimo demonio quien le da el poder. Otros le decían con ironía: ¿Por qué no das de una vez una señal definitiva de quién eres?

Sentimos el desconcierto de la gente, como si la cizaña de la duda sembrada por los enemigos de Jesús estuviera dañando ya al trigo de su adhesión a él y temieran que ya no le quedaran respuestas. Pero él, como otras muchas veces, se las arregló para salir airoso de la situación y les respondió partiendo de sus mismas objeciones.

Yo iba notando cómo la fuerza de sus palabras se abría camino en los que le rodeaban, y veía, casi físicamente, cómo alejaba de ellos las sombras de la duda. Era gente sencilla, dominada y silenciada por el discurso de los que se habían hecho con el poder de las conciencias pero que, al escuchar a Jesús, sentían un viento de libertad que les permitía respirar de nuevo.

Al terminar, una mujer expresó emocionadamente en voz alta el sentir de todos:

—*¡Dichoso el vientre que te llevó y los pechos que te criaron!* (Lc 11,27).

Daba lo mismo que ella supiera o no quién era María, la madre de Jesús, que estaba allí en medio de nosotros; en cualquier caso, aquella exclamación tan espontánea estaba dirigida a ella y como supuse que llenaría de alegría a Jesús, me sorprendió oírle decir:

—*Dichosos, más bien, los que escuchan la palabra de Dios y la guardan...*

Supuse que a María podía dolerle que su hijo hubiera desviado de ella la alabanza, extendiéndola a muchos y dejándola a ella en la sombra, y me quedé silenciosa y perpleja.

Se diría que el Maestro había adivinado mi desconcierto y mi preocupación que seguramente compartían también los demás, porque aquella noche prolongó más que de costumbre la conversación después de la cena y nos explicó largamente la Bienaventuranza que había pronunciado aquella tarde. De sus labios aprendimos en qué consistía para él la escucha de la palabra de Dios: exponer ante el Padre la propia existencia como una tierra vacía y pobre y esperar silenciosamente que sea el Él quien siembre en ella su semilla. Acoger mansamente aquello que no se comprende inmediatamente, guardarlo en el corazón y esperar en la noche hasta que llegue la luz. Aceptar los sorprendentes caminos de Dios y estar dispuesto a dejarse guiar por ellos, como el niño que emprende un viaje a un lugar desconocido y va tranquilo porque sabe que su padre lo lleva de la mano. Estar atento a la música que Dios toca en cada momento y danzar a su ritmo, con la despreocupada confianza de quien no pretende conducir, sino ser conducido. Abandonarse como la arcilla en manos del Dios Alfarero para que sean ellas las que modelen la propia vida y decirle: «Aquí me tienes, hágase en mí según tu palabra...».

Para todos nosotros era evidente que era de su madre de quien estaba hablando y yo me preguntaba si ella se estaría dando cuenta. La miré a hurtadillas y vi en su rostro esa expresión de embeleso que he visto en los ojos de muchas madres cuando miran a sus hijos.

Pero también había algo en su manera de escucharle que me hizo recordar la palabras del Siervo:

> *«El Señor cada mañana me abre el oído*
> *para que escuche como los discípulos...»* (Is 50,4).

Y también las del salmista:

> *«Aguardo al Señor, lo aguarda mi alma*
> *esperando su palabra;*
> *mi alma a mi dueño*
> *más que el centinela a la aurora»* (Sal 130,5-6).

Para ella, las palabras de su hijo eran como el amanecer para el centinela y le escuchaba a la vez como lo haría el último de los discípulos, como si de todos nosotros fuera ella la más pequeña, la más sedienta por aprender, la más necesitada de sabiduría.

No había en ella ni un rastro de mirada hacia sí misma, nada que no fuera pura receptividad y el secreto júbilo de estar siendo enseñada por aquel a quien había llevado en su seno.

Y fue entonces cuando comprendí por qué de entre todos los que Jesús había proclamado bienaventurados, a ella, la más dichosa, iban a llamárselo todas las generaciones.

Habla Ana, una discípula de hoy

En algún sitio he leído que escuchar es dejar espacio a la presencia del otro y pienso que quizá por eso es tan difícil encontrar hoy gente escuchadora. Vamos por la vida «con los cascos puestos», enredados en nuestros pequeños problemas o saturados de cuestiones triviales que nos revisten de un plástico resbaladizo que no deja que nos calen las palabras, gestos o llamadas de los otros.

Hablamos de lo importante que es escuchar la Palabra de Dios, pero no hay más camino para aprender a hacerlo que contemplar cómo lo hacía el mismo Jesús: él era un especialista en traducir, comprender, discernir, intuir y descodificar la palabra del Padre que le llegaba cifrada detrás de los gritos silenciosos, las súplicas, desesperanzas, agradecimientos o quejas que llevaban dentro los que se le acercaban. La escucha atenta le había hecho capaz de entenderles y responderles, y de interpretar lo que ellos ni siquiera eran capaces de expresar. Da la sensación de que era esa actitud lo que él más admiraba en su madre: y es que la que había escuchado al ángel, supo después también darse cuenta en Caná, sin necesidad de palabras, de que en aquella boda estaba faltando el vino.

Por eso, acoger la Bienaventuranza de la escucha es ir haciéndonos permeables y porosos, expertos en humanidad y en sensibilidad hacia los otros, especialistas en mirada y en atención selectiva a aquellos lugares en los que tanta gente sin ciencia ni apariencia, está ya hablando el lenguaje secreto del Evangelio.

De alguna manera me siento ya participando de esta felicitación de Jesús y lo siento en lo que ha significado para mí acercarme a sus Bienaventuranzas y escucharlas de otra manera. Porque antes, al asomarme a ellas, me entraba un sobrecogimiento silencioso que me hacía difícil comentar nada sobre ellas. Su lectura me sumía en una notable desazón por la conciencia de distancia que me separaba de ellas y mi impotencia para vivirlas. Creo que las veía, equivocadamente, como un código moral que, como dice Pablo de la Ley, lo que hacía era revelarme mi pecado. Y realmente tenían poco de anuncio de dicha para mí.

Durante todo este tiempo y al intentar acogerlas desde otra clave más descentrada de mí misma, he ido entendiendo que las Bienaventuranzas son, ante todo, «teológicas», es decir, que lo más importante de ellas es que nos revelan cómo es el corazón de Dios, hacia dónde se inclinan sus preferencias y cómo mira el mundo. A partir de ahí, algo en mí se ha esponjado y dilatado y han empezado a serme buena noticia. Se han transformado en alegría porque me permiten mirar a la gente de otra manera y entender un poco mejor por qué los pequeños, los desposeídos y los que se ponen a su servicio, son la niña de los ojos de Dios.

Y querría invitaros a hacer también este recorrido que cambia la vida...

Si quieres profundizar...

Al pensamiento bíblico no le preocupan los sentimientos personales de felicidad, sino que su perspectiva es fundamentalmente la del «honor». Declarar *makarios* a alguien supone una afirmación pública de admiración por esa persona o grupo, una proclamación de que su experiencia, comportamiento o actitud es digna de ser honrada, alabada y reconocida.

En los dos textos del Antiguo Testamento que siguen, la dicha está puesta en relación con la superioridad, la grandeza, el poder y el éxito, y eso nos ayuda a comprender mejor la absoluta novedad de las Bienaventuranzas del Evangelio:

El sabio Ben Sira escribe:

Mi corazón guarda nueve ***Bienaventuranzas***
y mi boca proclamará la décima:
Dichoso *el que se alegra con sus hijos,*
el que no tiene que servir a un inferior;
dichoso *el marido de mujer sensata,*
el que no tiene que arar con buey y asno;
dichoso *el que vive para ver la derrota de sus rivales,*
y el que no resbala con la lengua;
dichoso *el que encuentra un amigo,*
y el que no habla a oídos sordos;
grande es el que alcanza sabiduría,
y nadie es superior al que teme al Señor;
el temor del Señor lo supera todo,
el que lo posee es incomparable (Eclo 25,7-11).

Uno de los autores del libro de los Reyes recuerda los motivos de la felicitación de la reina de Saba a Salomón:

La reina de Saba oyó la fama de Salomón y fue a desafiarlo con enigmas. Llegó a Jerusalén con una gran caravana de camellos cargados de perfumes y oro en gran cantidad y piedras preciosas. Entró en el palacio de Salomón y le propuso todo lo que pensaba. Salomón resolvió todas sus consultas; no hubo una cuestión tan oscura que el rey no pudiera resolver.

Cuando la reina de Saba vio la sabiduría de Salomón, la casa que había construido, los manjares de su mesa, toda la corte sentada a la mesa, los camareros con sus uniformes sirviendo las bebidas, los holocaustos que ofrecía en el templo del Señor, se quedó asombrada, y dijo al rey:

*—¡Es verdad lo que me contaron en mi país de ti y tu sabiduría! Yo no quería creerlo; pero ahora que he venido y lo veo con mis propios ojos, resulta que no me habían dicho ni la mitad. En sabiduría y riquezas superas todo lo que yo había oído. ¡****Dichosa*** *tu gente,* ***dichosos*** *los cortesanos, que están siempre en tu presencia aprendiendo de tu sabiduría!* (1 Re 10,1-8).

Imaginemos la sorpresa de quienes, acostumbrados a pensar así, escucharan proclamar a Jesús: *Dichosos los pobres, los afligidos, los hambrientos, los perseguidos...*

Y nosotros, ¿con qué sabiduría nos quedamos?

Si haces oración...

Lo que sigue son otras declaraciones de felicidad que aparecen en la Biblia. Déjalas resonar en ti y quédate con aquella por la que te sientas más atraído, repítela una y otra vez en presencia de Jesús...

SALMOS

Dichoso el hombre que ni sigue el consejo de los impíos, ni entra por la senda de los pecadores, ni se sienta en la reunión de los cínicos, sino que su gozo es la ley del Señor y medita su ley día y noche (1,1).

Dichosos los que se refugian en el Señor (2,12).

Dichoso el que está absuelto de su culpa, a quien le han sepultado su pecado; dichoso el hombre a quien el Señor no le apunta el delito (31,2).

Dichosa la nación cuyo Dios es el Señor, el pueblo que él se escogió por heredad (32,12).

Dichoso el hombre que confía en Ti (84,13).

Dichoso el que cuida del pobre y desvalido, en el día aciago lo pondrá a salvo el Señor (40,2).

Dichoso el que tú eliges y acercas para que viva en tus atrios (64,5).

Dichosos los que viven en tu casa, alabándote siempre. Dichosos los que encuentran en ti su fuerza al preparar su peregrinación; cuando atraviesan áridos valles los convierten en oasis (83,5).

Dichoso el pueblo que sabe aclamarte: caminará. Señor, a la luz de tu rostro (88,16).

Dichoso el hombre a quien tú educas, al que enseñas tu ley, dándole descanso tras los años duros (93,12).

Dichosos los que respetan el derecho y practican siempre la justicia (105,3).

Dichoso quien teme al Señor y ama de corazón sus mandatos (111,1).

Dichoso quien se apiada y presta y administra rectamente sus asuntos (111,5).

Dichoso el que con vida intachable camina en la voluntad del Señor; dichoso el que, guardando sus preceptos, lo busca de todo corazón (118,1).

Dichoso el que teme al Señor y sigue sus caminos (127,1).

Dichoso el pueblo cuyo Dios es el Señor (143,15).

Dichoso a quien auxilia el Dios de Jacob, el que espera en el Señor, su Dios (145,5).

EVANGELIOS

Dichoso el que no se escandalice de mí (Mt 11,6).

Dichosos los ojos que ven y vuestros oídos que oyen (Mt 13,16).

Dichoso tú, Simón Pedro, porque eso no te lo ha revelado la carne ni la sangre, sino mi Padre que está en el cielo (Mt 16,7).

Dichoso el siervo a quien su amo, al llegar, lo encuentre velando (Mt 24,46).

Dichosa tú que has creído, porque se cumplirá lo que el Señor te anunció (Lc 1,45).

El Señor ha mirado la humillación de su esclava, por eso me llamarán dichosa todas las generaciones (Lc 1,48).

Y volviéndose a sus discípulos dijo: Dichosos los ojos que ven lo que vosotros veis (Lc 10,23).

Uno de los invitados al oírlo dijo: ¡Dichoso el que coma en el reino de Dios! (Lc 14,15).

Si habéis oído esto, seréis dichosos si lo ponéis en práctica (Jn 13,17).

Porque me has visto, Tomás, has creído. Dichosos los que crean sin haberme visto (Jn 20,29).

APOCALIPSIS

Dichoso el que lea y los que escuchen las palabras de esta profecía y guarden lo escrito en ella, porque el Tiempo se acerca (1,3).

Dichosos los muertos que mueren en el Señor. Desde ahora, sí, dice el Espíritu, que descansen de sus fatigas porque sus obras les acompañan (14,3).

Dichoso el que esté en vela y conserve sus vestidos, para no andar desnudo y que se vean sus vergüenzas (16,15).

Dichosos los invitados al banquete de bodas del Cordero (19,9).

Dichoso y santo el que participa en la primera resurrección, la segunda muerte no tiene poder sobre éstos, sino que serán sacerdotes de Dios y de Cristo y reinarán con él mil años (20,6).

Dichosos los que laven sus vestiduras, así podrán disponer del árbol de la Vida y entrarán por las puertas de la Ciudad (22,7).